Isabelle von Neumann-Cosel

Reitersitz und Reiterhilfen

Korrekt sitzen,
gefühlvoll einwirken

W0059020

KOSMOS

Der Reitersitz

Eines haben die Reiter der unterschiedlichsten Kulturen, der Reitweisen und Reitstile gemeinsam: Sie versuchen, mit möglichst geringem Reibungsverlust die Kontrolle über ihr Pferd zu erreichen. Reiter wollen nicht nur den Weg und die Gangart ihres Pferdes, sondern auch das genaue Tempo und die Haltung ihres Pferdes in jedem Augenblick bestimmen können.

Um eine reibungslose Verständigung mit dem Pferd zu erreichen, ist eine Sprache nötig, die beide Partner beherrschen. Der Traum von einer harmonischen Verständigung mit dem Pferd ist zugleich der Traum von einer perfekten Hilfengebung.

Hilfen sind feine und feinste Signale der Körpersprache. Sie nur als Technik für Gewichtsverlagerung, Zügelfäuste und Unterschenkel zu begreifen, wäre ein fatales Missverständnis. Der Reiter muss sich selbst im Einklang mit der Pferdebewegung befinden, wenn er Einfluss auf das Pferd nehmen will. Der »Sitz des Reiters« ist eine sich ständig verändernde Bewegung, die höchste Anforderungen an das Gleichgewicht, die Koordination und eine fein abgestimmte Muskelspannung stellt.

Auf den richtigen Sitz kommt es an

▶ Lernen auf dem Pferderücken

Ein Wort in eigener Sache zuvor: In diesem Buch wird naturgemäß viel von Reitern und Ausbildern – noch dazu fachmännischen, von Reitschülern, Reitlehrern, Anfängern oder Lesern die Rede sein. Liebe Leserinnen, fühlen Sie sich in jedem einzelnen Fall ausdrücklich angesprochen – die Wortungeheuer »Reiter und Reiterinnen« oder das modische »ReiterInnen« möchte ich ihnen ersparen!

Wer reiten können will, muss zuvor reiten lernen. Das klingt banal und ist doch eine Einsicht mit weit reichenden Folgen. Reiten ist eine Sportart, die ganz besondere und in mancher Hinsicht einmalige Forderungen an die menschlichen Fähigkeiten stellt. Beim Reiten ist immer der ganze Mensch gleichermaßen gefordert: mit seinem Körper, Gefühl und Verstand. Die körperlichen Fähigkeiten geben den Spielraum für Bewegung vor; das Gefühl stellt den nötigen Kontakt zum Pferd her; nur mit Hilfe des Verstandes kann es gelingen, im Kräftespiel Mensch gegen Pferd überlegen zu bleiben.

Beim Reiten sind die rein körperlichen Voraussetzungen wie Muskelkraft und Beweglichkeit weit weniger für den Erfolg entscheidend als in anderen Sportarten, die inneren Eigenschaften wie Einfühlungsvermögen, Konzentration und Selbstdisziplin sind für den Reiter umso bedeutender. Ein deutliches Zeichen dafür ist die Tatsache, dass beim Reiten Männer und Frauen im Spitzensport gleichberechtigt miteinander konkurrieren können – in allen drei klassischen Reitsportdisziplinen Dressur, Springen und Vielseitigkeit gab und gibt es zum Beispiel weibliche und männliche Olympiasieger.

Außerdem ist Reiten eine der seltenen Lifetime-Sportarten, also ein Sport, der quasi lebenslang ausgeübt werden kann, und das viel länger als in anderen Sportarten auf höchstem Leistungsniveau. Körpergefühl und Erfahrung können dabei offensichtlich nachlassende Beweglichkeit und Kraft im vierten und fünften Lebensjahrzehnt ausgleichen.

Erste Schritte zu Pferde

Reiten lernen ist ein langer Weg. Aber auch die ersten kleinen Schritte auf diesem Weg müssen in die richtige Richtung weisen. Gerade, weil das System der reiterlichen Einwirkung so hohe Ansprüche an die Koordinationsfähigkeit stellt, dürfen Anfänger im Reitsport nicht überfordert werden und sich selbst nicht überfordern.

An der Longe kann sich ein Reitschüler am besten und am sichersten mit der Pferdebewegung vertraut machen

Für den Anfang gilt die Formel »erst der Sitz, dann die Einwirkung«. Jeder Reitschüler muss die Gelegenheit haben, das Mitgehen mit der Pferdebewegung angstfrei lernen zu können – ohne gleich durch die Aufgabe überfordert zu sein, das Pferd unter Kontrolle zu halten.

Daher haben sich Sitzübungen an der Longe als Einstieg in das Reitenlernen bewährt. Sehr viel Zeit an der Longe wird Reitschülern im Regelfall nicht geboten, weil Longenunterricht immer aufwändiger Einzelunterricht ist. Wer einen guten Grundstein für die reiterliche Karriere legen will, sollte diese luxuriöse Unterrichtssituation jedoch so ausgiebig wie möglich nutzen.

Nicht umsonst werden Anfänger an der spanischen Hofreitschule in Wien, der weltweit anerkannten Pflegestätte klassischer Reitkunst, ein halbes Jahr lang an der Longe geschult.

Generell ist ein losge-
lassener Sitz nur auf
einem losgelassenem
Pferd möglich. Sicher-
heit und Vertrauen sind
sehr wichtig. Um den
Sitz zu schulen, halte
ich Longenarbeit für
sehr hilfreich. Auch das
Reiten ohne Bügel
kann helfen, sicherer
zu sitzen.

Reiten lernen heißt Bewegung lernen

Wer eine neue Bewegung erlernen will, braucht eine Vorstellung, ein inneres Bild von dieser Bewegung. Dieses Bild entsteht im Zusammenspiel der Sinnesorgane: durch Auge, Ohr, Haut, Körperwahrnehmung. Es gibt ganz unterschiedliche »Lerntypen«: für die einen ist zum Beispiel die optische Orientierung am wichtigsten, für die anderen die akkustische. Während die einen vom Vorbild eines guten Reiters, aber auch vom Imitieren ihrer Fehler, vom Blick in den Spiegel oder von Videokontrolle besonders profitieren, brauchen die anderen beständige Führung durch die Stimme des Reitlehrers, ausführliche Erklärungen, rhythmische Kommandos und sofortige Korrekturen bei der Ausführung.

Jede neue Bewegung, die ein Erwachsener lernen soll, muss anknüpfen an bekannte Bewegungserfahrungen. Leichttraben ist zum Beispiel »rhythmisches Aufstehen und Hinsetzen mit gebeugten Knien«. Über vielfältige Rückmeldungen erfährt ein Reiter, ob sein Versuch, die Bewegung auf dem Pferderücken richtig auszuführen, gelungen ist. Die wichtigste Rückmeldung gibt das Pferd. Ein Reiter muss lernen, sein Reitergefühl zu entwickeln,

> ### Reiten lernen in jedem Alter
>
> ▶ KINDER (5 bis 13 Jahre): Kinder können Mitgehen mit der Pferdebewegung intuitiv als Ganzes erfassen; erster Höhepunkt der motorischen Fähigkeiten im Alter von 10 bis 13.
> ▶ JUGENDLICHE (13 bis 19 Jahre): Dramatische Veränderungen im Körper durch Pubertät und Wachstum; körperliche Fähigkeiten oft schwankend und unausgeglichen.
> Bewegungen können leicht systematisch erlernt werden; der Muskelaufbau kann und muss systematisch trainiert werden.
> ▶ ERWACHSENE (über 19 bis ca. 35 Jahre): Körperliche Leistungsfähigkeit auf dem Höhepunkt; Reiten kann gut erlernt werden, bei Talent auch für Leistungssport.
> Anforderungen: Angstfreiheit, gute Körperwahrnehmung, Beweglichkeit, Gleichgewichtsgefühl und Koordination.
> ▶ ERWACHSENE (ab ca. 35 Jahre): Reiten lernen bei genügender Grundsportlichkeit möglich, erfordert lange, systematische Ausbildung, kein Leistungssport mehr erreichbar.

um diese Rückmeldung verstehen und umsetzen zu können. Nur dann kann er beim Reitenlernen selbstständig mitarbeiten.

Zum Glück fühlt sich gutes Reiten immer auch gut an. In den raren Sternstunden im Sattel – anfangs handelt es sich eher um Sternsekunden – wird der Ausbilder sozusagen überflüssig.

Frust in der Reitstunde

Der Traum von der harmonischen Verständigung mit dem Pferd endet nicht selten im Frust: in Reitstunden, in denen die Fortschritte auf verspannten, widerwilligen oder widersätzlichen Pferden stagnieren; in »Angstlektionen«, die jedes Mal aufs Neue misslingen; in hartnäckigen Fehlern, die weder der Reitlehrer trotz beständiger Korrekturen noch der Reitschüler trotz intensiven Bemühens in den Griff bekommen.

Lernen ist ein störanfälliger Vorgang. Weil Reiten lernen im Zusammenspiel von Pferd und Reiter so kompliziert ist, gibt es unendlich viele Möglichkeiten für diese Störungen. Wer unsicher ist,

Hier legt die Ausbilderin Hand an – und eine Bewegung kann im wahrsten Sinn des Wortes mit Hilfe des Körpergefühls begriffen werden

unter hohem Stress steht, Angst hat, überfordert ist, eine gestellte Aufgabe nicht versteht oder sich die geforderte Leistung nicht zutraut, kann kaum oder gar nicht lernen.

Psychische Störfaktoren setzen nicht nur den Kopf, sondern auch den Körper schachmatt bis hin zur völligen Blockade. Lernen kann nur, wer sich rundum sicher fühlt, sich konzentrieren kann, Zeit und Möglichkeit hat, Korrekturen zu verarbeiten und neue Bewegungsmuster auszuprobieren. Und lernen kann schließlich nur, wer negative Denkmuster (»Hoffentlich rennt Max nicht wieder los!«) verbannen kann zugunsten positiver Motivation (»Ich reite heute von Anfang an mehr vorwärts und behalte das Tempo unter Kontrolle!«).

▶ **Der Weg zum unabhängigen Sitz**
Besser zu viel als zu wenig Bewegung

Die scheinbar ruhige Haltung des Reiters auf dem Pferderücken
ist ein genial ausgeklügeltes System von feinsten Muskelbewe-
gungen. Ziel dieser Bewegungen ist es, den Schwerpunkt des
Reiters in jedem Augenblick genau über den des Pferdes zu verlagern. Nur dann kann das Pferd den Reiter mit wenig Kraftaufwand tragen, nur dann wirken Pferd und Reiter als Einheit.

Der Weg zum guten, von der Pferdebewegung unabhängigen Sitz erfordert immer das Ausprobieren von Bewegungen. Es
ist ein weit verbreitetes Missverständnis, dass ein Reitschüler
möglichst in einer vorgeschriebenen Position verharren sollte –
im Gegenteil: Jedes Lernen der feinen Haltung beginnt mit einem hohen Bewegungsaufwand.

Ein ausbalancierter
Sitz im Sattel wirkt
wie selbstverständlich
und beinahe mühelos
– und täuscht über
den nötigen langen
Ausbildungsweg
hinweg

Der Ausbildungsweg des Reiters

▶ **KONTAKT UND VERSTÄNDNIS:** Kenntnisse und Erfahrungen in Pferdeverhalten, -pflege und Umgang mit dem Pferd sowie Grundkenntnisse der Reitlehre

▶ **BALANCE:** Kontrolle über den Oberkörper (im Dressursitz »gerade, in der Mitte, senkrecht«) in allen Gangarten und bei Bewegungsübergängen

▶ **RHYTHMUS:** Rhythmisches Eingehen in den Takt und das Tempo der Pferdebewegung in allen Gangarten und bei Bewegungsübergängen

▶ **LOSGELASSENHEIT UND SPANNUNG:** Aufbau einer adäquaten Muskelspannung (und Lockerung); Vermeidung von überflüssigem Kraftaufwand

▶ **TECHNIK:** Erlernen gezielter Einwirkung mit dem Ziel einer sicheren Kontrolle über das Pferd und das Reiten spezieller Lektionen

▶ **REITERGEFÜHL:** Schulen der eigenen Körperwahrnehmung, um sich selbstständig kontrollieren und verbessern zu können

Aus Fehlern klug werden?

Gemessen am hohen Ideal des perfekten Reitens besteht ein Reitanfänger aus einer Ansammlung von Fehlern. Dennoch kann Reitunterricht sich nicht darin erschöpfen, ihm diese Fehler nach und nach auszutreiben. Schauen nach Fehlern ist im Reitunterricht weit verbreitet – und macht auch im Rahmen von Schulung für den Leistungssport, wo es um perfekte Ausführung von Lektionen geht, in begrenztem Umfang Sinn.

Ein Reitanfänger dagegen muss die Gelegenheit haben, alle nötigen Grundfertigkeiten auf dem Pferderücken zu erwerben und zu trainieren – ohne das Gefühl zu haben, alles falsch zu machen. Erst durch einen guten Draht zum Partner Pferd und ein Verständnis für die geforderte Aufgabe werden sich Erfolgserlebnisse einstellen. Daher sollte sich jeder Reitschüler in so vielen Situationen wie möglich mit dem Pferd vertraut machen. Wer sicher mit der Pferdebewegung mitgehen will, muss zuvor lernen, seinen Oberkörper auszubalancieren, den Rhythmus der Pferdebewegung aufzunehmen und die eigene Muskulatur situationsgerecht anzuspannen und loszulassen.

Leichttraben ist eine perfekte Übung für die Balance.
Beim Aufstehen und Hinsetzen im Trabrhythmus wird der eigene Schwerpunkt ein Stück vom Pferd weg bewegt und über dem Pferderücken ausbalanciert. Beim Aufstehen (oben links) müssen die Knie leicht gebeugt und die Unterschenkel am Pferd bleiben, damit die Einwirkung nicht verloren geht. Beim Aufstehen wie beim Hinsetzen (oben rechts) hat der Oberkörper eine leichte Tendenz nach vorn in die Bewegungsrichtung

▶ Balance
Nicht herunterfallen

Kein Reitschüler möchte vom Pferd fallen. Das klingt wie eine überflüssige Selbstverständlichkeit, bestimmt aber ganz elementar die ersten Erfahrungen im Sattel. Unwillkürliche Reaktionen des Reitschülers auf die Bewegungen des Pferdes sind Reaktionen auf den drohenden Verlust des Gleichgewichts.

Setzt sich ein Pferd in Bewegung, fällt ein Anfänger leicht hintenüber; pariert es durch, fällt ein Anfänger leicht nach vorn; geht es an der Longe im Kreis, rutscht ein Anfänger leicht nach außen. Fällt der Oberkörper hintenüber, rutschen die Beine nach vorn und umgekehrt. Setzt sich ein Pferd ruckhaft in Bewegung und droht ein Anfänger sein Gleichgewicht ganz zu verlieren, klammert er sich mit den Beinen fest und zieht den Bauch ein.

Die unsichtbare Demarkationslinie zwischen dem Reitanfänger und dem fortgeschrittenen Reiter besteht in der Fähigkeit, sich sicher ausbalancieren zu können. Erst auf dieser Grundlage kann ein Reiter willkürlich auf die Pferdebewegung Einfluss nehmen. Ein feines Spiel mit dem Gleichgewicht ist die wichtigste Grundlage für die harmonische Verständigung mit dem Pferd, die Hilfengebung.

Höchste Anforderungen an die Balance stellt das Reiten im leichten Sitz, wenn – wie auf dem Bild unten – auch noch hohes Tempo und Richtungsänderung als Anforderungen dazukommen

Kein starres Gleichgewicht

Ein Turm – etwa aus Bauklötzen – ist dann im Gleichgewicht, wenn alle Bauteile genau senkrecht übereinander stehen. Ein sich bewegendes System – wie Pferd und Reiter – ist dann im Gleichgewicht, wenn die Schwerpunkte von Pferd und Reiter genau übereinander liegen. Je schneller sich ein Pferd bewegt, je abrupter es Tempo, Gangart oder Richtung ändert, desto schwieriger ist es für den Reiter, seinen Schwerpunkt über dem des Pferdes zu halten. Auch hier gilt wieder: für eine sichere Balance ist nicht etwa keine, sondern viel Bewegung nötig. Diese Bewegungen müssen recht fein und sensibel sein.

Die eigene Balance im Sattel zu finden und in immer schwieriger werdenden Situationen auch zu halten, ist ein langer Weg. Von einem Reitanfänger kann man deshalb nicht erwarten, dass er abrupten Richtungswechseln folgen kann. Die Anforderungen müssen dabei ganz langsam gesteigert werden. Denn bei drohendem Balanceverlust kann ein Reiter nicht mehr lernen, sondern nur noch instinktiv reagieren. Sehr hilfreich kann es dagegen sein, spielerisch das Gleichgewicht zu gefährden und wieder zu stabilisieren.

Der sichere Punkt in der Luft

Wer wünscht sich nicht manchmal einen »Punkt in der Luft«, an dem er sich sicher festhalten könnte? Denn ein Pferderücken kann sich so heftig bewegen, dass die Aufgabe, selbst möglichst ruhig und gelassen sitzen zu bleiben, beinahe unlösbar erscheint. Der Pferderücken schwingt in allen drei Bewegungsdimensionen und überträgt diese Bewegungen auf den Reiterrücken: von unten nach oben, von hinten nach vorne, von rechts nach links mit den jeweils entsprechenden Gegenbewegungen. Der Sattel dämpft die Rückenbewegung ein wenig, am stärksten die seitliche Schwingung. Dennoch überträgt bereits der Schritt einen dreidimensionalen Bewegungsimpuls auf den Reiter.

Damit nicht schon im Schritt das große Wackeln und Schaukeln anhebt, gibt es nur eine Abhilfe: den eigenen Oberkörper in die Länge und in die Breite zu spannen. Das Rezept heißt: Körpermitte aufrichten, Brustkorb und Hinterkopf gleichzeitig ganz leicht anheben, Schultern breit halten, Körperdiagonalen (Hüfte – gegenüberliegende Schulter) lang machen – und das alles, ohne den sicheren Kontakt mit beiden Gesäßknochen zum Sattel zu verlieren. Nur ein aufgerichteter, in die Länge gespannter Oberkörper findet, wie es in alten Reitlehren zugleich treffend und schwer verständlich heißt: »Halt in sich selbst«. Dieser Halt bietet den einzigen Ersatz für den fehlenden Punkt in der Luft.

Die Forderung an einen ausbalancierten Sitz heißt »Mitgehen mit der Pferdebewegung«. Aber dieses Mitgehen als aktive Übung zu verstehen (»den Sattel auswischen«) führt leicht zu einem großen Missverständnis. Denn der Körper des Reiters soll die Bewegung des Pferdes nur zulassen – und selbst auf dem sich bewegenden Rücken so »still« wie möglich bleiben. Häufige Balanceprobleme wie Schaukeln und Rudern mit dem Oberkörper sind Folgen eines falsch verstandenen Versuchs, aktiv mit der Pferdebewegung mitzugehen.

Balance ist nur dann möglich, wenn der Reiter seinen Schwerpunkt dicht über dem des Pferdes halten kann. Im leichten Sitz liegt der Schwerpunkt des Reiters höher als im Dressursitz (Bilder auf Seite 34) und muss über Fuß- und Kniegelenken frei ausbalanciert werden. Deswegen sind Balanceübungen im leichten Sitz besonders hilfreich – auch für Dressur- und Geländereiter.

Probleme mit der Balance

Probleme mit der Balance gibt es auf jedem reiterlichen Niveau: offensichtlich sind sie bei Anfängern, subtil bei fortgeschrittenen Reitern. Übungen für eine bessere Balance (siehe Seite 17) sind daher für Reiter auf jedem Ausbildungsstand hilfreich.

Manchen Reitern fällt es leicht, die Oberkörperbalance zu erlernen, manchen schwer. Daran ist nicht nur unterschiedlich ausgeprägtes Körpergefühl Schuld, sondern auch unterschiedliche Anatomie. Wer einen kurzen Oberkörper und breite Schultern, dafür lange Beine hat, dessen eigener Körperschwerpunkt liegt dicht über dem des Pferdes. Das Gleichgewicht zu finden ist nicht allzu schwierig. Sogenannte Sitzriesen mit langem Oberkörper, kurzen Beinen und vielleicht noch schmalen Schultern haben einen viel höher liegenden eigenen Schwerpunkt. Balance zu finden ist für sie schwerer und dauert länger. Andererseits hat gerade ein langer Oberkörper viel Einfluss auf ein Pferd.

Balance lernen braucht Zeit – hier ist der Oberkörper der Reiterin noch leicht hinter der Bewegung

Hier gelingt Balance bereits unter erschwerten Bedingungen – ohne Bügel und mit verschränkten Armen

Balance in der Wendung

Erschwert wird die Balance in jeder Wendung. Jeder Reitanfänger an der Longe bekommt den Einfluss der Fliehkraft zu spüren: Je schneller das Pferd sich bewegt und je kleiner der Radius des Longierzirkels ist, desto leichter rutscht er nach außen. Gleichzeitig knickt er unweigerlich in der inneren Hüfte ein. Dieses falsche Bewegungsmuster erhält sich manchmal hartnäckig – vor allem im Galopp.

Abhilfe kann nur die richtige Gewichtsverteilung schaffen: In jeder Wendung (und im Galopp) liegt das Gewicht vermehrt auf der inneren Körperseite. Dabei müssen die innere Hüfte leicht nach vorn genommen, die innere Körperseite (Hüfte, Taille) gestreckt und das innere Knie und der innere Absatz tief gehalten werden. Jeder Reiter hat eine Körperseite, auf der ihm die Streckung leichter gelingt. Die schwächere Seite braucht etwas mehr Training!

Perfekte Balance für hohe Ansprüche: Springen ohne Bügel und Zügel

Übungen für eine bessere Balance

Reiten mit geschlossenen Augen (durch die Ausschaltung des Gesichtssinns kann man die Pferdebewegung intensiver spüren)

Reiten ohne Sattel (der blanke Pferderücken vermittelt die dreidimensionale Bewegung direkter)

Reiten ohne Bügel (Beine hängen lassen; Übung nicht zu lang ausdehnen, sonst werden Knie wieder hochgezogen, um die extreme Dehnung der Muskulatur zu vermeiden)

Absichtlich nach rechts und links rutschen, dann sicher wieder die Mitte finden (Kontrolle durch Spiegel oder Ausbilder)

Absichtlich den Oberkörper vor und hinter die Senkrechte bringen, dann sicher wieder die Mitte finden (Kontrolle durch Spiegel oder Ausbilder)

Häufige Tempounterschiede (Oberkörper bleibt senkrecht; notfalls mit der äußeren Hand samt Zügel in den Halteriemen greifen)

Rasch aufeinanderfolgende Übergänge von einer Gangart zur anderen (Pferd nicht überfordern)

Leichter Sitz mit besonders stark verkürzten Bügeln (steigern bis zum »Jockeysitz«)

Im leichten Sitz Hüfte stark beugen und Oberkörper wieder aufrichten (in Gangart und Tempo steigern)

Ducken seitlich neben den Pferdehals (in Gangart und Tempo steigern)

Freihändig reiten, dabei Arme hinter dem Rücken oder hinter dem Kopf verschränken (an der Longe oder mit Knoten im Zügel, damit man schnell wieder in den Zügel fassen kann)

Reiten im leichten Sitz in höherem Tempo mit Richtungswechseln (jeweils neuen inneren Bügel gut austreten)

Klettern bergauf und bergab bis zu mittlerer Steigung (bergauf Pferderücken entlasten; bergab Oberkörper senkrecht zum Hang)

Reiten über Bodenricks in allen drei Gangarten (über den Stangen Pferderücken entlasten)

Springgymnastik (besonders hilfreich: In-Out und Springreihen)

Reiten in unebenem Gelände, über Bodenwellen (Tempo mit dem Oberkörper kontrollieren; bei leichtem Gefälle nicht schneller, bei leichter Steigung nicht langsamer werden)

Reiten durch einen Slalom (Pferd möglichst nur durch Gewichtsverlagerung steuern)

Reiterspiele und Geschicklichkeitswettbewerbe

Cavaletti mit gleichen Abständen – hier als Trabstangen – geben den Rhythmus der Pferdebewegung vor. Zugleich kann bei gleich bleibendem Takt der Raumgriff der Bewegung beeinflusst werden

▶ **Rhythmus**
Automatisch im Takt

Die Bedeutung der Balance für das Reiten lernen ist offensichtlich – die Bedeutung des Rhythmus wird oft unterschätzt. Dennoch ist die Fähigkeit, im Rhythmus auf dem Pferderücken zu sitzen, genau so entscheidend für einen guten Sitz. In jeder Gangart bewegen sich die Beine des Pferdes in einer immer wiederkehrenden, gleichmäßigen Abfolge vorwärts und die Hufe berühren in gleich bleibendem Takt den Boden. Am rhythmischen Geräusch der Pferdehufe kann ein Reiter auch mit geschlossenen Augen erkennen, in welcher Gangart sich ein Pferd nähert.

Je eher die Anpassung an die Pferdebewegung sozusagen automatisch funktioniert, desto mehr kann sich ein Reiter auf andere Aufgaben konzentrieren. Dieses »automatische« Gefühl stellt sich ein, wenn ein Reiter vorausahnt, wie sich der nächste Schritt, Trabtritt oder Galoppsprung anfühlen wird. Das menschliche Gehirn speichert die Erinnerung an wiederkehrende, eingeschliffene Bewegungsmuster. Deswegen verlernt man einmal gelernte Bewegungsabläufe wie Schwimmen, Radfahren oder eben auch Reiten nie völlig, selbst wenn man lange pausiert.

Takt gibt Sicherheit

Natürlich kann dieses unbewusste Vorausahnen erst funktionieren, wenn man zuvor genügend Erfahrung gesammelt hat. Aber es setzt auch voraus, dass die Pferdebewegung gleichmäßig bleibt. Wenn kein Schritt wie der andere ist, ein Trabtritt mal langsamer, mal schneller ausfällt und Galoppsprünge ungeregelt sind, kann niemand vorausahnen, wie sich der folgende Augenblick anfühlen wird.

Im Gegenteil: Ein Reiter wartet voller innerer Anspannung darauf, wie der nächste Moment ausfallen wird, und versucht sich der veränderten Bewegung anzupassen. Dabei gerät er, auch wenn er sich noch so viel Mühe gibt, zwangsläufig hinter die Bewegung des Pferdes. Die gemeinsame Balance ist gestört, und für ein Gleichmaß der Bewegung, einen sicheren gemeinsamen Takt, gibt es noch weniger Chancen.

Der gleichmäßige Takt – also eine gleich bleibende zeitliche Frequenz – der Pferdebewegung ist die Voraussetzung dafür, dass ein Reiter seinen Schwerpunkt instinktiv richtig und rechtzeitig über den Schwerpunkt des Pferdes verlagern kann. Rhythmus ist daher unauflösbar mit Balance verknüpft. Zugleich kann nur ein Reiter, der sich rhythmisch und ausbalanciert bewegt, seine Muskulatur Kräfte sparend – das heißt in einem optimalen Verhältnis von Spannen und Lösen – einsetzen.

Jeder Körper hat eine Eigenfrequenz, in der er am besten schwingt – das gilt auch für den Pferderücken. Neben dem gleichmäßigen Takt ist auch das richtige Tempo Voraussetzung dafür, dass ein Pferd seine Muskulatur in optimaler Weise einsetzen kann. Wie beim Menschen geht es um das Verhältnis von Anspannen und Loslassen. Erst auf einem losgelassen schwingenden Pferderücken kann sich ein Reiter rhythmisch im Einklang mit dem Pferd bewegen.

Rhythmisches Galoppieren ist die Grundvoraussetzung für jedes Springen. Galoppstangen bieten zugleich Training für das Pferd und Schulung für den Reiter

Rhythmusspiele im Trab

Von den drei Grundgangarten eignet sich der Trab am besten für Spiele mit dem Rhythmus, weil dieser Gangart der einfachste Takt, ein schlichter Zweitakt, zugrunde liegt (siehe S. 23). Diesen Zweitakt greift die erste rhythmische Eigenbewegung auf, die ein Reiter lernt: das Leichttraben. Eine erste Rhythmus-Variation im Leichttraben bietet der Fußwechsel, also zweimal Sitzen, einmal Aufstehen. Dieser Fußwechsel kann als beständige Abfolge als Spiel mit dem Rhythmus dienen. Hier wird zugleich die enge Verflechtung von Rhythmusgefühl und Balance deutlich: Wer Balanceprobleme im Leichttraben hat, kommt zugleich nicht nur räumlich, sondern auch zeitlich vor oder hinter die Pferdebewegung. Wer für das Aufstehen oder Hinsetzen jeweils minimal mehr oder weniger Zeit braucht als für die Gegenbewegung, bekommt mit Variationen im Rhythmus große Probleme.

Ebenfalls eine Herausforderung an Balance wie an das Rhythmusgefühl bietet die Aufgabe, den Takt nicht über zweimal Hinsetzen, sondern zweimal Aufstehen in Folge zu wechseln. Auch daraus lässt sich noch ein Rhythmusspiel machen (Sitz-Auf-Auf, Sitz-Auf-Auf). Eine anspruchsvolle Steigerung ist die Folge von zweimal sitzen und dann zweimal aufstehen (Sitz-Sitz-Auf-Auf, Sitz-Sitz-Auf-Auf). Eine weitere Variation, die sich auf rückenempfindlichen Pferden zum Übergang zwischen Leichttraben und Aussitzen benutzen lässt, ist die Variante zweimal sitzen, einmal aufstehen (Sitz-Sitz-Auf, Sitz-Sitz-Auf), also der Fußwechsel in Folge.

Klopfen im Takt der Pferdebewegung ist eine einfache und wirkungsvolle Übung für den Rhythmus

Nur wenn der
Rhythmus stimmt,
klappt das
gleichmäßige Reiten
durch den Slalom

Damit der eigene Rhythmus sozusagen in Fleisch und Blut übergeht, also fast automatisiert werden kann, helfen gleichzeitige Bewegungen mit den Händen (an der Longe oder mit Knoten im Zügel üben!). Wer es schafft, die verschiedenen Spielarten von Sitzen und Aufstehen mit rhythmischen Bewegungen der Hände (etwa Auf und Ab wie beim Jonglieren) zu verbinden, hat in Sachen »unabhängiger Sitz« einen ganzen Sprung nach vorn gemacht.

► **Gefühl für Takt und Rhythmus verbessern**

Um ein Gefühl für den Takt zu entwickeln, kann man einen Moment lang die Augen schließen und sich ganz auf den Rhythmus konzentrieren. Dies geht am besten an der Longe oder mit einem zuverlässigen, losgelassenen und taktsicheren Pferd an einer langen Seite in einer Reithalle.

Im Rhythmus reiten

Dem ganzen System der Reitausbildung liegt die Idee von rhythmischen Bewegungen zugrunde. Nicht umsonst steht der Takt an erster Stelle der Ausbildungsskala für das Pferd. Ohne Gleichmaß der Pferdebewegung kann das Dressurreiten nicht gelingen, es kommt nicht einmal ein runder Zirkel zustande. Alle Hufschlagfiguren im Dressurviereck fordern und fördern taktmäßige Bewegungen, zum Beispiel durch den Wechsel zwischen geraden und gebogenen Linien, auf denen Pferde gern langsamer werden. Bei vielen Lektionen ist die Forderung nach rhythmischer Durchführung das entscheidende Qualitätsmerkmal: zum Beispiel für Schenkelweichen, Volten, für das Rückwärtsrichten, Verstärkungen im Trab oder Galopp, Kehrtwendungen, einfache oder fliegende Galoppwechsel.

Rhythmisches Reiten gilt im Springsport als unverzichtbar. Nur in einem gleichmäßigen, rhythmischen Grundtempo können Pferd und Reiter lernen, Hindernisse richtig zu taxieren. Von Springreitern lässt sich abschauen, wie man das rhythmische Reiten lernen kann. Die Devise heißt: zählen, zählen und noch einmal zählen. Ein guter Springreiter kann nämlich die letzten Galoppsprünge bis zum dem Absprung rückwärts auszählen wie beim Countdown. Aber welcher Reiter weiß schon, mit wieviel Trabtritten er die lange oder kurze Seite des Dressurvierecks bewältigt oder wieviel Galoppsprünge auf einen Zirkel passen?

Übergänge von einer Gangart in die anderen sind immer auch Wechsel von einem Takt in den anderen. Wie in der Musik darf dabei gezählt werden! Taktwechsel sind rhythmisch schwierig und müssen besonders geübt werden. Für die Verbesserung von Übergängen wird in der Regel nur an der Einwirkung des Reiters und der Haltung des Pferdes korrigiert. Aber Übergänge können auch ganz selbstverständlich gelingen, wenn man einen gleichbleibenden Rhythmus zugrunde legt, zum Beispiel 10 Galoppsprünge und 20 Trabtritte im Wechsel – je kürzer die Intervalle, desto schwieriger.

An optischen Hilfsmitteln – zu denen neben Cavaletti auch die Bahnpunkte gehören – kann man sich orientieren. So lässt sich das Gefühl für den richtigen Moment der Hilfengebung und das Gespür für die Reaktionszeit des Pferdes schulen. Erst dann gelingen Lektionen zuverlässig am vorgeschriebenen Punkt.

Jede Gangart hat ihren eigenen Takt. Er entsteht durch die immer wiederkehrende, rhythmische Abfolge, in der die Pferdebeine nach vorn bewegt werden. Jeder einzelne Takt einer Gangart setzt sich wiederum aus zwei Phasen zusammen. In der Fachsprache wird diese Folge »Fußfolge« genannt.

Phase 1 : ein Huf oder mehrere Hufe gleichzeitig werden vom Boden abgehoben.

Phase 2 : ein Huf oder mehrere Hufe gleichzeitig werden auf den Boden aufgesetzt.

Ein Moment der freien Schwebe, die sogenannte Schwebephase, entsteht, wenn kein Huf den Boden berührt.

▶ DER SCHRITT:

Der Schritt ist ein **4-Takt.** Das Pferd bewegt sich in **Schritten** vorwärts.

1. Takt	Phase 1	Aufsetzen rechter Hinterhuf (rechter Vorderhuf ist noch in der Luft
	Phase 2	Abheben linker Hinterhuf
2. Takt	Phase 3	Aufsetzen rechter Vorderhuf
	Phase 4	Abheben linker Vorderhuf
3. Takt	Phase 5	Aufsetzen linker Hinterhuf
	Phase 6	Abheben rechter Hinterhuf
4. Takt	Phase 7	Aufsetzen linker Vorderhuf
	Phase 8	Abheben rechter Vorderhuf

Merkspruch: Im Schritt bewegen sich die Beine gleichseitig, aber nicht gleichzeitig.

▶ DER TRAB:

Der Trab ist ein **2-Takt.** Das Pferd bewegt sich in **Trabtritten** vorwärts

1. Takt	Phase 1:	Aufsetzen linkes Hinterbein und rechtes Vorderbein
	Phase 2:	Abheben linkes Hinterbein und rechtes Vorderbein
2. Takt	Phase 3:	Aufsetzen rechtes Hinterbein und linkes Vorderbein
	Phase 4:	Abheben rechtes Hinterbein und linkes Vorderbein

Zwischen dem Aufsetzen des einen und dem Absetzen des anderen Beinpaares entsteht eine Schwebephase.

Merkspruch: Im Trab bewegen sich die Beine gleichzeitig, aber nicht gleichseitig.

▶ DER GALOPP:

Der Galopp ist ein **3-Takt** mit einem Moment der freien Schwebephase. Das Pferd bewegt sich in **Galoppsprüngen** vorwärts.

Hier die einzelnen Phasen im Linksgalopp (im Rechtsgalopp sind die Phasen spiegelverkehrt):

1. Takt	Phase 1:	Aufsetzten rechtes Hinterbein (die übrigen Hufe sind abgehoben)
	Phase 2:	Aufsetzen linkes Hinterbein und rechtes Vorderbein gleichzeitig;
2. Takt	Phase 3:	Abheben rechtes Hinterbein und linkes Vorderbein
	Phase 4:	Aufsetzen linkes Vorderbein
3. Takt	Phase 5:	Abheben linkes Hinterbein und rechtes Vorderbein gleichzeitig
	Phase 6:	Abheben linkes Vorderbein Schwebephase

▶ Losgelassenheit
Ausgeglichene Muskelarbeit

Um den Körper auf dem Pferderücken im Gleichgewicht und im Rhythmus zu halten, ist Muskelarbeit nötig. Anfänger strengen sich dabei mehr an als Fortgeschrittene: Sie müssen erst langsam lernen, ihre Bewegungen und ihren Kraftaufwand optimal zu koordinieren. Der richtige Sitz im Sattel erfordert die Fähigkeit, die Muskeln genau aufeinander und auf die Situation abgestimmt anzuspannen und wieder zu lösen.

Zu viel Spannung macht steif und verkrampft, zu wenig Spannung macht wackelig und schlabbrig. Die Aufgabe, die jeweils richtige Spannung aufrechtzuerhalten, ist für jeden Reiter und auf jedem Pferd höchst verschieden. Wie groß die Herausforderung für Spannung und Losgelassenheit ist, wird zu einem großen Teil durch die indviduelle Bewegung des Pferdes vorgegeben. Jeder Pferderücken schwingt anders, hat eine individuelle natürliche Taktfrequenz und das dazu passende Grundtempo. Das alles summiert sich zur Herausforderung an den Sitz des Reiters.

Jeder Reiter verfügt über einen individuell ausgeprägten Muskeltonus, der durch natürliche Veranlagung und äußere Faktoren – wie etwa Stress – bestimmt wird. Auch der Reiterrücken kann nur schwingen, wenn sein Bewegungsspielraum den Anforderungen durch die Pferdebewegung entspricht.

Losgelassenheit lernen

»Lass dich mehr los!« Das ist eine oft gehörte, gut gemeinte und in der Regel wirkungslos bleibende Aufforderung im Reitunterricht. Muskeln bewusst loszulassen ist viel schwieriger als sie anzuspannen. Außerdem sind beim Reiten viele Muskelgruppen beteiligt, die unwillkürlich, sozusagen automatisch funktionieren – wie die tief liegende Stützmuskulatur des Skeletts. Hier muss der gute Wille des Reitschülers leider versagen.

Hier hilft dafür die Übung: Wenn sich Bewegungen erst einmal eingeschliffen haben und mit weniger überflüssigem Muskelaufwand funktionieren, stellt sich mehr Losgelassenheit meist von selbst ein. Die Psyche ist dabei ein nicht zu unterschätzender Faktor: Nur wer sich wohl und sicher fühlt, kann sich innerlich und äußerlich loslassen. Daher ist es tatsächlich ein guter Rat, Losgelassenheit nicht aktiv betreiben zu wollen, sondern die Bedingungen zu schaffen, in denen sie sich einstellen kann. Dazu gehören eine Lernsituation, in der man sich rundum wohl fühlt, genauso wie ein passendes Pferd.

Wirkungsvoller als jede Übung kann ein schöner Ausritt ins Gelände oder gelungenes Quadrillereiten sein. Beides lenkt von eigenen Problemen auf dem Pferd gründlich ab – eine gute Chance für den Körper, die Muskelarbeit zu optimieren.

In der Lösungsphase sollen Reiter und Pferd zur Losgelassenheit finden – Leichttraben bietet sich dafür an

Dreh– und Angelpunkte des losgelassenen Sitzes im Sattel bilden die Hüftgelenke. Nur wenn diese Gelenke den nötigen Bewegungsspielraum zulassen, kann ein losgelassener Sitz erreicht werden. Das beste Training für die nötigen Gelenkbewegungen ist das Leichttraben – zugleich die optimale Herausforderung an Balance und Rhythmusgefühl.

Losgelassenheit

KENNZEICHEN DES LOSGELASSENEN PFERDES:

- gleichmäßige, schwungvolle Bewegungen
- schwingender Pferderücken
- gedehnter Hals
- frei getragener, pendelnder Schweif
- bewegliches Ohrenspiel

KENNZEICHEN DES LOSGELASSENEN REITERS:

- gleichmäßiges, scheinbar stilles Sitzen
- Gesäßknochen in ständigem Kontakt mit dem Sattel
- aufgerichteter Oberkörper, hängendes Bein
- federnder Absatz
- Hände unabhängig von der Pferdebewegung

Der obere Beckenrand ist nach hinten gekippt – die Folge ist ein runder Rücken (links). Eine mittlere Position des Beckens erlaubt eine natürlich aufgerichtete Haltung (Mitte). Der obere Beckenrand ist nach vorn gekippt – die Folge ist ein Hohlkreuz (rechts)

▶ Das Becken
Mit der Körpermitte sitzen

Ausschlag gebend für den richtigen Sitz im Sattel ist die Körpermitte. Die Bewegung des Rückens wird über den Sattel auf das Becken und die Wirbelsäule des Reiters übertragen. Die Beckenposition muss stimmen, wenn diese Bewegungsübertragung funktionieren soll. Daher ist für die Beurteilung des reiterlichen Sitzes ein Blick auf das Becken viel hilfreicher als etwa auf tiefe Absätze.

Dem Idealbild eines ausbalancierten Sitzes im Sattel liegt die Vorstellung eines natürlich aufgerichteten Oberkörpers zugrunde. Die Fotoserie oben links zeigt deutlich, dass die Aufrichtung des Oberkörpers nur dann möglich ist, wenn sich das Becken in einer mittleren Position befindet. Wird der obere Rand des Beckens extrem nach hinten gekippt, ist ein Rundrücken die Folge; wird der obere Rand des Beckens extrem nach vorn gekippt, entsteht ein Hohlkreuz.

Mit einer in der einen oder anderen Richtung extremen Beckenstellung ist es nicht möglich, sich der Pferdebewegung in der geforderten Weise anzupassen. Fehlerhafte und verkrampfte Beckenstellungen ziehen meist eine ganze Reihe von Sitzfehlern nach sich. Ein runder Rücken beispielsweise beeinträchtigt auch die Bewegungsmöglichkeiten von Kopf, Armen und Händen.

Aufrechter Oberkörper, hängendes Bein

Die anatomische Zeichnung (unten) macht deutlich, dass die beiden Gesäßknochen, die den direkten Kontakt des Körpers mit dem Sattel erlauben, nahezu halbrund geformt sind. Sie erlauben eine reibungslose, feine Anpassung der Beckenstellung an den Bewegungsablauf – und eine differenzierte Verlagerung des Reitergewichtes.

Ein Reitanfänger muss lernen, beide Forderungen zugleich zu erfüllen: den Oberkörper senkrecht zu halten und dabei mit beiden Gesäßknochen am Sattel zu bleiben. Dabei ist die zweite Aufgabe ist die entscheidende: wenn der Kontakt des Gesäßes mit dem Sattel verloren geht, ist die Balance ernsthaft gefährdet. Aus diesem Grund ist es sinnvoll, zunächst den aufrechten Sitz und danach erst den Entlastungssitz zu erlernen. Denn die Sitzformen, die durch fehlenden Kontakt des Gesäßes mit dem Sattel gekennzeichnet sind (siehe Seite 33), stellen ungleich höhere Fähigkeiten an die Aufgabe, sich auszubalancieren. Mit anderen Worten: man fällt leichter herunter...

Aber auch ein fortgeschrittener Reiter muss darauf achten, dass er bei allem Bemühen um Einwirkung auf das Pferd in keiner Situation den sicheren Kontakt mit den Gesäßknochen zum Sattel verliert. Es geschieht allzu oft, dass zum Beispiel im Versuch, vermehrt mit den Unterschenkeln zu treiben, der sichere Sitz im Sattel aufgegeben wird. Geht aber die Balance verloren, dann verpufft jeder Versuch erfolglos, vermehrt mit der Hilfe auf ein Pferd einzuwirken.

Noch eine zweite Besonderheit des aufrechten Sitzes verrät der Blick auf die anatomische Zeichnung: Das Hüftgelenk liegt deutlich höher als die Sitzbeinhöcker, eben die Gesäßknochen. Aus dieser Tatsache resultiert die Forderung nach dem »hängenden« Bein: Der Oberschenkel soll die Bewegung an die nachfolgenden Gelenke (Knie- und Fußgelenk) federnd übertragen.

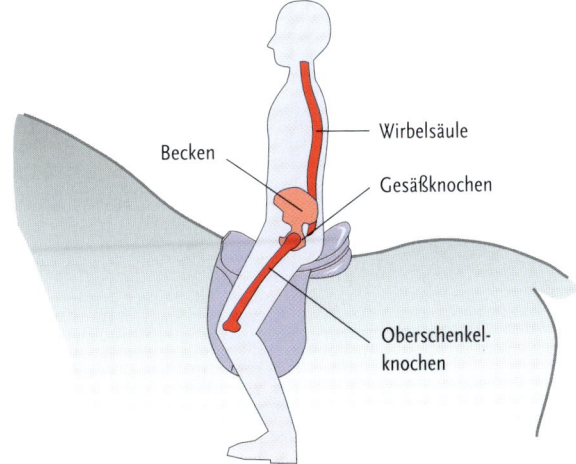

Wirbelsäule

Becken

Gesäßknochen

Oberschenkelknochen

► Oberkörper, Arme und Hände
Ruhiger Sitz garantiert

So, wie die richtige Beckenstellung und das bewegliche Hüftgelenk für die Anpassung an die Pferdebewegung verantwortlich sind, ist es die Aufgabe des Oberkörpers, für Ruhe und Stabilität im Sitz zu sorgen. Das ist nur mit einer entsprechend angepassten Spannung der Muskulatur möglich. Je mehr Bewegung der Pferderücken mit sich bringt, desto mehr Spannung in der Muskulatur des Oberkörpers ist nötig. Die Oberkörperspannung, die ein Reiter aufbringen kann, ist individuell unterschiedlich – sie hängt von anatomischen Voraussetzungen und vom Trainingsstand ab.

Überfordert die Pferdebewegung die Fähigkeit des Reiters, einerseits in der Hüfte loszulassen, andererseits eine adäquate Spannung im Oberkörper aufzubauen, dann kann ein Reiter auf einem Pferd nicht sitzen – am deutlichsten wird dieser Sachverhalt beim Aussitzen im Trab. Zu beobachten ist dieses »Nicht–sitzen–können« oft bei Kindern, die Pferde reiten, auf denen sie größen- und kräftemäßig überfordert sind. Aber auch Pferde mit viel Raumgriff und Schwung – wünschenswert im großen Dressursport – überfordern nicht selten einen Reiter mit eher durchschnittlichem Können.

Das Ellbogengelenk bleibt entspannt, damit die Reiterhand stets nach vorne gehen kann

Nur ein sicher aufgerichteter, in die Länge und in die Breite gespannter Oberkörper (siehe Seite 25) ermöglicht eine korrekte, sichere und ruhige Handhaltung. Die Hände sollen frei und aufrecht getragen werden, etwa eine Handbreit über dem Widerrist und eine Handbreit auseinander. Ellbogen, Handrücken und Pferdemaul bilden eine gerade Linie. Die kleinen Finger sind sich etwas näher als die dachförmig aufgestellten Daumen (Bild Seite 85).

Weiche Hände – die Visitenkarte des Reiters

Bei der Beurteilung der Fähigkeiten eines Reiters nehmen die Hände eine Sonderstellung ein. Sie dienen als Visitenkarte der Einwirkung: weiche, gefühlvolle Zügelführung gilt als Kompliment, sogenannte harte Hände dagegen als Abwertung des gesamten reiterlichen Könnens. Denn nirgendwo anders wird so deutlich, wie mangelnde Fertigkeiten einem Pferd Unbehagen, sogar Schmerzen zufügen.

»Unabhängig von der Pferdebewegung« sollen die Hände sich bewegen können – eine im strengen Wortsinn unerfüllbare Forderung. Gemeint ist allerdings, dass jede Hand für sich einen dosierten Kontakt zum Pferdemaul herstellen kann – unabhängig von der Gangart und dem Tempo des Pferdes. Allzu oft dienen Arme und Hände noch automatischen Ausgleichsbewegungen in Sachen Balance. Nur ein stabiler Oberkörper ermöglicht die weiche, federnde Verbindung zum Pferdemaul.

Die Arme dienen dabei als Verlängerung des Zügels – mit leichtem Knick im Ellbogen. Denn das automatisch federnde Ellbogengelenk ermöglicht die feine Abstimmung der Verbindung von der

Ellbogen, Hand und Pferdemaul sollen eine gerade Linie bilden

Der federnde Ellbogen ermöglicht einen gleich bleibenden Kontakt zum Pferdemaul

Hand zum Pferdemaul. Kleine Ausgleichsbewegungen sind auch aus dem Handgelenk möglich. Deswegen dürfen Ellbogengelenk, Unterarm und Handgelenk beim Reiten nicht kraftvoll angespannt werden. Den nötigen Gegenhalt bieten die Schultern: Sie werden breit und tief getragen. Um den Zusammenhang zwischen dem eigenen Oberkörper und den Zügeln zu spüren, kann es helfen, sich eine federnde Verbindung vom Maul des Pferdes zum eigenen Brustkorb (dort, wo die Rippen zusammengewachsen sind) vorzustellen.

Auch bei einem »gestreckten« Sitz bleiben Hüft- und Kniegelenke leicht gewinkelt – sonst ist kein feines Abfedern der Pferdebewegung möglich. Entscheidend ist die passende Bügellänge

Der Kontakt zwischen Reiterbein und Pferdekörper findet mit der Wade statt, nicht mit dem Absatz

▶ Beine, Knie und Füße
Beine am Pferd

»Beine zu!« – Diese häufig zu hörende Aufforderung an den Reiter gilt vielen als Abkürzung für: »Beine zudrücken!« Der Versuch, mehr Kraft in den Beinen aufzuwenden, bewirkt allerdings nicht selten das Gegenteil des erwünschten Effekts, nämlich das Pferd vorwärts zu treiben. Denn die ideale Lage des Reiterbeins am Pferdekörper erfordert weniger Kraft als eine geschickte Koordination von Anspannen und Loslassen. »Beine zu!« sollte sich jeder Reiter daher übersetzen mit der Aufforderung: »Mehr Kontakt mit den Beinen zum Pferdekörper!«

Für diesen gewünschten Kontakt ist das aus dem losgelassenen Hüftgelenk sozusagen »hängende« Bein Voraussetzung. Die Auflagefläche des Beines am Pferdekörper wird größer, wenn der Reiter das ganze Bein aus der Hüfte nach innen eindreht. Der Oberschenkel liegt dann mit der Innenseite am Sattel an. Die Pferdebewegung wird durch das ganze flach anliegende Bein bis in den tiefen Absatz hinein abgefedert. »Absätze tief!« heißt daher auch nicht, die Absätze herunterzudrücken, sondern mit lockerem Fußgelenk und leicht angehobener Fußspitze zu federn.

Der Oberschenkel dient dabei nur als Überträger der Pferdebewegung. Daher darf die Muskulatur an der Innenseite des Oberschenkels und am Gesäß nicht angespannt werden – sonst kann das Bein nicht hängen und der Reiter klemmt über dem Pferd.

Kontakt mit der Wade

Oberschenkel und Knie des Reiters liegen auf dem Sattel. Der einzige direkte Kontakt zwischen Reiterbeinen und Pferdekörper findet mit Hilfe der Innenseiten der Waden statt – nicht mit den gesamten Unterschenkeln oder gar den Absätzen. Im Normalfall haben weder die Fersen noch die Sporen (Bild Seite 65) Berührung mit dem Pferdebauch.

Kein Reiter muss seine Waden krampfhaft ans Pferd drücken. Es reicht im Normalfall aus, in den tiefen Absatz zu federn: Dadurch wird die Wadenmuskulatur angespannt und übt mehr Druck auf den Pferdebauch aus. Das Pferd spürt diese treibende Hilfe. Dieser Druck kann entsprechend dosiert, kurzzeitig verstärkt oder variiert werden, um mehr Einfluss auf die Pferdebewegung zu nehmen. In der Ausgangsstellung liegt der Unterschenkel »am Gurt« (Bild oben), das heißt der vordere Schienbeinrand schneidet die hintere Gurtkante etwa in der Mitte des Unterschenkels.

Lage des Schenkels »am Gurt«

Für die entsprechende verwahrende Hilfengebung wird das ganze Bein von der Hüfte aus etwa eine Handbreit zurückgenommen, so dass es weiter hinten am Pferd anliegt (Bild unten).

Diese Angaben sind allerdings nur Anhaltspunkte. Die individuell korrekte, nämlich wirksame Lage des Beines ist von den anatomischen Voraussetzungen des Reiters (Beinlänge, Verhältnis von Ober- und Unterschenkel) und des Pferdes (Breite, Umfang und Form des Rumpfes) abhängig. Nicht zuletzt ermöglicht oder beschränkt der Sattel den jeweiligen Bewegungsspielraum des Reiters. Für die Balance ist es zudem entscheidend, dass sich der Kopf des Reiters stets senkrecht über den Füßen befindet.

Lage des Schenkels »hinter dem Gurt«

Im Dressursitz
überträgt der Reiter
das Gewicht mit
seinen Gesäßknochen
auf den Sattel

▶ Die Sitzformen
Last für den Pferderücken

Ein Reiter auf dem Pferderücken ist zunächst einmal ein
Störfaktor für das Gleichgewicht des Pferdes. Die Anatomie der Pferde bringt es mit
sich, dass der lange Hals und
der vergleichsweise große Kopf
die Last des Körpergewichts auf
die Pferdebeine ungleich vertei-
len. Im Stand müssen die Vorderbeine mehr Gewicht tragen als
die Hinterbeine. Kopf und Hals frei zu tragen und sicher auszubalancieren ist eine beständige Herausforderung für ein Pferd.
Lange Muskelketten von der Hinterhand über den Rücken bis
zum Genick des Pferdes machen diese Balance erst möglich.

Damit ein Pferd Kopf und Hals mit ausgeglichener Muskelarbeit tragen kann, muss es seinen Rücken aufwölben. Der Reiter
nimmt mitten auf dem Rücken des Pferdes Platz und stört damit
zunächst einmal die Tätigkeit der Rückenmuskeln. Es liegt auf
der Hand, dass der Sitz des Reiters dem Pferd die schwierige Aufgabe, sich selbst zusammen mit dem störenden Reitergewicht
auszubalancieren, so leicht wie möglich machen muss.

Daher gibt es auch keinen ein für allemal richtigen Sitz. Ein
guter Sitz zeichnet sich dadurch aus, dass er dem Augenblick –

Im leichten Sitz über-
trägt der Reiter sein
Gewicht vermehrt mit
Knie- und Fußgelenken
auf Sattel und Steig-
bügel

das heißt, der Bewegung des Pferdes und dem verfolgten Bewegungsziel – so gut wie möglich entspricht. Ein guter Sitz ist immer in Bewegung!

Die unterschiedlichen Sitzformen

Auch die grundlegenden Sitzformen sind keine starren Vorgaben, sondern Idealvorstellungen, die den Erfordernissen des Augenblicks möglichst gut angepasst werden sollen. Ausschlag gebend ist immer der Einfluss des Reiters auf das Pferd. Er darf den natürlichen oder gewünschten Bewegungsablauf nicht stören oder behindern. Das gilt in allererster Linie für den Pferderücken und den Hals. Der schwingende Rücken und der als Balancierstange fungierende Hals bilden zusammen ein Bewegungssystem, mit dessen Hilfe das Pferd sich ausbalanciert. Wer dieses System stört, beeinflusst nicht nur die Bewegung, sondern auch das innere Wohlbefinden eines Pferdes.

DER DRESSURSITZ

Die Kennzeichen des Dressursitzes sind der aufgerichtete, senkrechte Oberkörper und das langgestreckte (dabei leicht gewinkelt bleibende) Bein. Diese Sitzposition setzt einen gut bemuskelten, schwingenden Pferderücken voraus, der das Gewicht des Reiters ohne Beeinträchtigung tragen kann. Die direkte Gewichtsübertragung über die Gesäßknochen auf den Pferderücken ermöglicht dem Reiter besonders direkten, fein abzustimmenden und effektiven Einfluss auf das Pferd – durch das eigene Körpergewicht. Daher gelten die Gewichtshilfen als die wichtigsten, die unverzichtbaren Hilfen. Ein erfahrener Reiter kann ein gut ausgebildetes Pferd auch ohne Schenkel- und Zügelhilfen dirigieren. Das Gewicht dagegen kann kein Reiter spielerisch ausschalten – es ist immer da.

Über einem Sprung wird der Oberkörper weit nach vorn genommen und der Pferderücken völlig entlastet

DER LEICHTE SITZ Im leichten Sitz kann ein Reiter sein Gewicht indirekt auf das Pferd übertragen, indem er den Pferderücken entlastet. Kennzeichen des leichten Sitzes sind vermehrt gewinkelte Hüft-, Knie- und Fußgelenke. Das Gewicht wird über die Knie (Knieschluss gibt es nur im leichten Sitz!) und die Steigbügel auf den Sattel übertragen. Damit verteilt sich das Reitergewicht auf eine viel größere Belastungsfläche als im Dressursitz. Das Pferd kann den Reiter tatsächlich leichter tragen.

Spielraum für den passenden Sitz

Der Dressursitz und der leichte Sitz sind nicht als Gegensatzpaar gedacht, sondern stecken einen Spielraum für den jeweils richtigen Sitz ab. Im Außengalopp, einer Lektion mit Ansprüchen an Balance, Rhythmus und Körperspannung des Pferdes, braucht der Reiter besonders viel Einwirkung (Bild Seite 109): er sitzt aufrecht im Dressursitz. Über einem Sprung muss das Pferd seinen Rücken weit aufwölben können, um eine ideale Flugkurve zu erreichen, daher wäre jede direkte Belastung des Pferderückens eine Störung: der Reiter entlastet im leichten Sitz den Pferderücken völlig.

Zwischen Dressursitz und leichtem Sitz sind viele Zwischenformen möglich, wie hier im Leichttraben im Gelände mit mehr Entlastung

Ein junges Pferd, dessen Rückenmuskulatur noch nicht voll entwickelt ist, hat noch Mühe mit dem Reitergewicht. Hier entlastet der Reiter den Pferderücken im Leichttraben und im leichten Sitz so weit wie es nötig ist, damit das Pferd sich nicht vor Anstrengung verspannt. Im Gelände – auf langen Strecken, bei unebenem Boden und in höherem Tempo – entlastet der Reiter den Pferderücken ebenfalls so, wie die Situation es erfordert. Im Renntempo würde ein Reiter im Dressursitz das Pferd behindern, daher reiten Jockeys im extremen leichten Sitz mit kürzesten Bügeln.

Beim Klettern bergab wird der Pferderücken leicht entlastet, der Oberkörper bleibt senkrecht zum Hang – hier vorbildlich im Gleichgewicht

Eine leichte Entlastung ist auch mit einer für Dressur geeigneten Bügellänge möglich; für mehr Entlastung müssen die Bügel entsprechend verkürzt werden. Als Faustregel gelten drei Löcher (Gelände) bis zu fünf Löchern (Parcours). Auch die Wahl des Sattels spielt dabei eine Rolle. Wer in einem Dressursattel die Bügel fünf Löcher kürzer schnallt, findet keinen Halt mehr für seine Knie: Sie liegen vor dem Sattelblatt. Wer in einem Springsattel mit Dressur-Bügellänge reitet, findet keine Auflagefläche für die Innenseite der Oberschenkel: Wackelnde, schlabbernde Beine ohne sicheren Kontakt zum Pferdekörper sind die Folge.

Aber auch innerhalb des für die Disziplinen Dressur oder Springen vorgegebenen Grundsitzes gibt es genug Variationsmöglichkeiten. Ein Dressurreiter kann in der Lösungsphase mehr entlasten bis hin zum leichten Sitz im Galopp, ein Springreiter in der Arbeitsphase im Trab aussitzen, auch mit kürzeren Bügeln im Springsattel. Von der sinnvollen Möglichkeit, die Bügellänge im Verlauf einer Reitstunde leicht zu variieren, wird dabei aus Gewohnheit und Bequemlichkeit viel zu wenig Gebrauch gemacht.

In die Bewegungsrichtung sitzen

Der Sitz des Reiters soll immer eine Vorwärtstendenz haben – sich zu weit zurückzulehnen oder hintenüberzufallen gilt als gro- ßer Fehler, weil das Gewicht des Reiters dabei den Pferderücken blockiert. Für die trotzdem nicht selten zu beobachtende Rück- lage im Sattel gibt es mehrere Ursachen, zum Beispiel falsch ver- standenes Treiben mit dem Oberkörper, hinter die Bewegung geraten oder mangelnde Beweglichkeit im Hüftgelenk, typisch in Verstärkungen zu erkennen.

Alle Übungen für die Oberkörperbalance (siehe Seite 17) sind zugleich Übungen für einen beweglichen, der Situation an- gepassten Sitz. Wichtig ist dabei die Kontrolle durch einen Ausbil- der, Spiegel oder Video, denn oft wird die Rücklage vom Reiter selbst gar nicht bemerkt. Das Körpergefühl – der einzige innere Ratgeber für den richtigen Sitz – lässt sich allzu leicht täuschen. Wer lange in leichter Rücklage reitet, fühlt sich subjektiv in der Senkrechten. Diese Fähigkeit zur Selbsttäuschung macht es so schwierig, subtile Sitzfehler selbst zu erkennen und abzustellen.

Am Anfang der Ausbildung des Pferdes, in der Gewöh- nungsphase an Sattel und Reitergewicht, steht eine weitgehende Entlastung des Pferderückens. Im Verlauf der Ausbildung wird der Rücken in dem Maß mehr und mehr belastet, in dem das Pferd den Reiter ohne Beeinträchtigung tragen kann. Jede ver- sammelnde Arbeit erfordert einen belastenden, senkrechten Sitz.

So, wie jede Reitstunde im Zeitraffer den bisherigen Ausbil- dungsweg des Pferdes zusammenfasst, steht am Anfang jeder Stunde eine Phase der Entlastung, in der Arbeitsphase wird dann verstärkt belastet. Wieviel Ent- oder Belastung nötig und möglich ist, hängt vom Pferd und dem jeweiligen Augenblick ab. »Ge- gensitzen« gegen einen festgehaltenen Pferderücken ist keine sinnvolle Einwirkung, sondern fügt dem Pferd vermeidbare Schmerzen zu   dem Reiter übrigens auch.

Beim Erlernen neuer Lektionen kann eine Entlastung im Sitz dem Pferd die neue Aufgabe sehr erleichtern und Widerstän- de vermeiden helfen – zum Beispiel beim Rückwärtsrichten oder beim Erarbeiten von Verstärkungen in Trab und Galopp. Ande- rerseits kann die Erarbeitung versammelnder Lektionen wie der Seitengänge nur in einem aufrechten, richtig belastenden Sitz (siehe Seite 120) gelingen.

Federn in drei Dimensionen

Die veränderte Haltung des Oberkörpers fällt als Kriterium des jeweils angepassten Sitzes am deutlichsten ins Auge. Aber auch die beiden anderen Bewegungsdimensionen (rauf-runter, rechts-links) erfordern koordinative Höchstleistungen vom Reiter.

Die Pferdebewegung wird im Dressursitz über das Becken an die Wirbelsäule und das Hüftgelenk weitergeleitet und wird im Idealfall nach oben und unten harmonisch abgefedert. Gelingt dieses feine Federn nicht im erforderlichen Maß, wirkt der Sitz steif. Der leichte Sitz erfordert vermehrte Beugung und stärkeres Federn in Hüft-, Knie- und Fußgelenken – auch dabei kann Steifheit auftreten.

Reiten im leichten Sitz ist anstrengend und erfordert viel Übung für die nötige Kondition. Der vergrößerte Bewegungsspielraum in der Vertikalen und Horizontalen lässt sich dann aber auch auf den Dressursitz übertragen. Das gleiche gilt für den Bewegungsspielraum in der Lateralen: Der (Dressur-)sattel filtert die laterale Bewegung in hohem Maß. Mehr Anforderungen zum seitlichen Anpassen an die Bewegung bietet der leichte Sitz. Ein feineres Gefühl für Rechts-Links-Balance ist aber auch im Dressursitz hilfreich, zum Beispiel beim Aussitzen im Trab.

Auch im leichtem Sitz ist eine Vielzahl stufenloser Variationen denkbar. Beim Anreiten eines Hindernisses wird der Pferderücken vermehrt belastet, aber der Oberkörper des Reiters bleibt leicht in die Bewegungsrichtung nach vorn geneigt

▶ Der richtige Sitz für jeden Augenblick
Sitzen in verschiedenen Reitweisen

Auf den ersten Blick bieten die unterschiedlichen Reitweisen große Unterschiede in Sachen Sitz und Einwirkung. Auf den zweiten Blick dagegen bieten sich viele Vergleichspunkte an. In den verschiedenen Reitweisen haben sich je nach dem Einsatz des Pferdes für unterschiedliche Zwecke eigene Techniken entwickelt. Aber gute Reiter müssen in allen Reitweisen über vergleichbare grundlegende Fähigkeiten verfügen. Aus diesem Grund kann auch ein Laie den wirklich guten Reiter in einer ihm fremden Reitweise sicher erkennen.

Die Fähigkeit, den eigenen Schwerpunkt optimal über den Schwerpunkt des Pferdes zu verlagern, ist in allen Reitweisen gefordert, ob im Rennreiten oder in der Spanischen Dressur. Ohne rhythmisches Eingehen in

Regelrecht in die Rücklage stemmen muss sich ein Westernreiter beim Stopp, um nicht vornüberzufallen

Hoch über dem Sattel scheinen Jockeys im Rennen zu schweben

Elegant und scheinbar
mühelos balanciert
sich der Reiter auf
einem Islandpferd im
Tölt aus

die Pferdebewegung kann dieses Ausbalancieren nicht gelingen. Gute Reiter können mit Balance und Rhythmus spielen: Gewichtsverlagerung genügt, um das gut geschulte Westernpferd zu spektakulären Lektionen zu veranlassen. Ein souveräner Umgang mit dem Bewegungsrhythmus ist nötig, um bei Gangpferden nicht nur drei, sondern bis zu fünf Gangarten sicher anzuregen und im Takt zu halten. Gangpferdereiter können Taktverschiebungen fühlen. Und ein guter Jockey zeichnet sich dadurch aus, dass er auch im hohen Tempo und mit einem instabilen Sitz weit über dem Pferderücken seine eigenen Bewegungen der Pferdebewegung möglichst störungsfrei anpassen kann. Je nach der Dynamik der Bewegungsformen wird der Pferderücken dabei be- oder entlastet. Die Spannweite reicht von der extremen Belastung wie beim Stopp des Westernpferdes bis zu extremen Entlastung im Finish eines Rennens.

Natürlich unterscheidet sich die Technik der Hilfengebung auf einem Rennpferd oder einem Westernpferd erheblich. Aber die Gemeinsamkeiten der Reitweisen sind nicht zu unterschätzen. Dressurreiter und Westernreiter beispielsweise finden sich nach einem Pferdetausch erstaunlich schnell in die Grundlagen der fremden Reitweise ein – die feine Abstimmung der Hilfengebung für Lektionen erfordert allerdings Übung, die durch keine andere Erfahrung (auch nicht durch Erklärungen oder Lektüre) ersetzt werden kann.

Aufgerichteter Reiter, aufgerichtetes Pferd: ein Andalusier in einer ausdrucksvollen Piaffe

Die Reiterhilfen

Das System der Reiterhilfen bildet die Sprache, in der wir uns mit dem Pferd verständigen können. Die nonverbale Körpersprache der Hilfengebung ist kompliziert und setzt die Kontrolle des Reiters über seinen eigenen Körper voraus. Auch wenn einzelne Hilfen als isolierte Bewegungen von Händen oder Beinen beschrieben werden können – die Techniken allein richten beim Pferd nichts aus. Selbst heftige Aktivitäten verpuffen wirkungslos, wenn der Grundsitz – und damit Balance, Rhythmus und Spannung – nicht auf die Situation abgestimmt sind. Der Grundsitz gibt den Ausschlag für die Reaktion des Pferdes. Daher fordert Hilfengebung immer den Einsatz des ganzen Körpers. Simple »Kochrezepte« für Lektionen, wie sie sich Anfänger oft wünschen, bringen kaum das erhoffte Resultat. Eine einzelne, einseitige Hilfe – zum Beispiel eine annehmende Zügelhilfe – provoziert eher den Widerstand des Pferdes, wenn sie nicht in ein ganzes System unterstützender Hilfen eingebunden wird.

Auf der Basis eines sicheren Sitzes kann die Sprache der Hilfengebung mit dem ganzen Körper erlernt werden.

Körpersprache
zwischen
Mensch und Pferd

▶ **Bewegung vorwegnehmen**
So wenig Hilfen wie möglich

Gewichts-, Schenkel- und Zügelhilfen – das ist der gängige Drei-klang der Hilfengebung. Man könnte dabei leicht auf die Idee kommen, dass der besonders intensive Gebrauch dieser Hilfen den guten Reiter ausmacht. Das Gegenteil ist aber der Fall: Als souveräner Reiter gilt derjenige, der mit feinsten, fast unsichtba-ren Hilfen auskommt. Natürlich ist diese subtile Verständigungs-möglichkeit auch abhängig von Charakter, Temperament und Aus-bildung des Pferdes. Dennoch kommt der stärkere Reiter auf jedem Pferd mit leichteren Hilfen aus als der schwächere.

Diese vermeintliche Hexerei hat eine verständliche Ursache: Je besser und störungsfreier sich ein Reiter der Pferdebewegung anpassen kann, desto feinere Signale der Körpersprache des Rei-ters kann ein Pferd wahrnehmen. Je gleichmäßiger, beständiger und quasi stabiler die Ausgangssituation ist, desto geringfügige-re Variationen – zum Beispiel durch Gewichtslagerung – wird ein Pferd bemerken. Wer dagegen noch um die Balance kämpft, kann keine feinen Hilfen geben.

Pferde passen sich an

Das Geheimnis der unsichtbaren Verständigung liegt in der Bereitschaft der Pferde, sich der Bewegung des Reiters anzupassen. Vorausgesetzt, ihre Kooperationsbereitschaft unter dem Sattel ist erst einmal gewonnen, versuchen sie, sich dem Reiter in Sachen Balance, Rhythmus und Spannung anzupassen. Auf diese Weise kommen sie am besten mit dem lebenden Gewicht auf ihrem Rücken zurecht. Wenn ein Reiter seine Oberkörperbalance, seinen eigenen Bewegungsrhythmus und die Körperspannung ändert, beeinflusst er damit den Bewegungsablauf des Pferdes.

Vom bloßen Sitzen auf dem Pferderücken bis hin zur souveränen Beeinflussung der Pferdebewegung ist es allerdings ein weiter Weg. Wer zum Beispiel kraftfrei und mit kaum sichtbarer Einwirkung vom Galopp zum Trab durchparieren möchte, muss nicht nur den Galopprhythmus sicher beherrschen, sondern auch den Trabrhythmus so im Körper gespeichert haben, dass er die Trabbewegung minimal vorweg nehmen kann. Der Taktwechsel vom dominierenden Dreivierteltakt im Galopp zum Zweitakt im Trab ist dabei auch eine enorme Herausforderung an das Rhythmusgefühl des Reiters. Dennoch kann ein guter Reiter ein Pferd auch mit hingegebenen Zügel allein durch den Sitz, das heißt durch eine Veränderung des eigenen Taktes, zum Durchparieren veranlassen.

Beim Springen ist es besonders nötig, die nächste Phase der Pferdebewegung mit dem eigenen Körper vorwegzunehmen. Hier wurde als optische Hilfe die Distanz zwischen zwei Hindernissen mit Galoppstangen ausgelegt

Schneller sein als das Pferd

Pferde haben eine Reaktionsgeschwindigkeit, die menschliche Reaktionszeiten bei weitem in den Schatten stellt. Das macht Hilfengebung zugleich einfacher und schwieriger. Als Spezialisten in Sachen Körpersprache haben Pferde nicht nur eine untrügliche Sicht auf die Körpersignale eines anderen Lebewesens, sondern auch eine feine Körperwahrnehmung. Und je höher ihre Aufmerksamkeit, je größer ihre eigene Spannung ist, desto schneller reagieren sie auf minimale Veränderungen.

Psychische Faktoren wie Angst und Erregung haben einen entscheidenden Einfluss auf das Bewegungsverhalten des Pferdes. Sie setzen die Reizschwelle deutlich herunter und steigern dafür das Instinktverhalten. Minimale Einflüsse von außen genügen bei einem erregten Pferd, um eine Überreaktion auf Reiterhilfen oder einschlägiges Fluchtverhalten auszulösen. Deswegen kann eine reibungslose Kontrolle der Pferdebewegung nur auf einem innerlich ausgeglichenen Pferd gelingen, das dem Reiter vertraut.

Schneller zu reagieren als ein Pferd ist ein höchst anspruchsvolles Ziel für den Reiter, das er sich beständig neu stecken muss. Dabei ist Hilfengebung keine Einbahnstraße und Einwirkung keine Bevormundung des Pferdes, sondern eine beständige lautlose Kommunikation. Denn nur im Wechselspiel zwischen der Reaktion auf das Pferd und die Situation, der Wahrnehmung des eigenen Körpergefühls und einem inneren Bild von der beabsichtigten Veränderung kann eine sichere Verständigung gelingen.

Pferde haben nicht nur einen untrüglichen Blick, sondern auch eine sensible Körperwahrnehmung für die Bewegungen eines Menschen

Pferde reagieren unterschiedlich

Sensiblere und/oder weit aus-
gebildete Pferde reagieren
schneller und intensiver als
ruhige, eher phlegmatische
Vierbeiner. Zum Erlernen und
Üben der Hilfengebung darf
die Reaktionsgeschwindigkeit
des Pferdes den Reiter nicht
völlig überfordern – daher eig-
nen sich besonders sensible,
empfindliche Pferde nicht
für Reitanfänger. Völlig abge-
stumpfte Pferde allerdings, die
sich nur mit höchstem Kraftaufwand zu den gewünschten
Reaktionen bewegen lassen,
sind auch keine geeigneten
Lehrpferde für Reitschüler.
Dem Lernziel, mit immer weniger Hilfen immer schneller
Kontrolle über die Pferdebewegung zu erlangen, kommt ein
Reitschüler auf solchen Pferden
kein Stückchen näher.

Aber die Reaktion eines
Pferdes lässt sich beeinflussen
und verbessern. Zum Grund-
prinzip von Reitstunden gehört
es, Übungen mehrfach zu wie-
derholen – wenn ein Pferd

Antraben aus dem
Halten erfordert
einen geschlossenen
Sitz

weiß, was ein Reiter von ihm erwartet, reagiert es in der Regel
einfacher und schneller. Die Reiterhilfen können jedes Mal leichter werden. Allerdings ist die Gelehrigkeit der Pferde ein nicht zu
unterschätzender Faktor. Werden Lektionen zu oft wiederholt, nei-
gen viele Pferde dazu, den Hilfen zuvorzukommen. Vorsicht ist
daher angebracht beim Üben von genauen Lektionenfolgen in
Dressuraufgaben.

▶ Gewichtshilfen
Mit dem Pferd im Gleichgewicht

Nicht nur Reiter versuchen, ihren Schwerpunkt möglichst gleichmäßig und damit stabil über dem des Pferdes zu halten, sondern auch Pferde versuchen, ihren Schwerpunkt unter den des Menschen zu bringen. Nicht nur Reiter fühlen sich erst dann im Sattel wohl, wenn sie im Gleichgewicht sitzen und das Pferd sie sicher trägt, sondern auch Pferde fühlen sich erst dann unter dem Reiter wohl, wenn sie sich sicher ausbalancieren und den Reiter ohne Beeinträchtigung ihres Bewegungsablaufs tragen können.

Abwenden auf den Zirkel: Die innere Körperseite wird vermehrt belastet

Ist die Balance zwischen Reiter und Pferd massiv gestört, dann reagieren Pferde, indem sie sich weigern oder zu entziehen versuchen: Entweder werden sie übermäßig faul und triebig oder sie laufen dem Reiter buchstäblich »unter dem Hintern weg«. Erst wenn Reiter und Pferd zu einer gemeinsamen Balance gefunden haben, kann Gewichtsverlagerung als Hilfsmittel zur Verständigung mit dem Pferd eingesetzt werden. Eine leichte Verlagerung des Schwerpunktes in die neue Bewegungsrichtung kann das Pferd veranlassen, dieser Richtung zu folgen.

TECHNIKEN DER GEWICHTSVERLAGERUNG Der Reiter bewegt sich auf dem Pferd dreidimensional, und Gewichtsverlagerung ist in allen drei Bewegungsdimensionen (horizontal, vertikal, lateral) möglich. Entscheidend für die Vorwärtsbewegung ist die vertikale Gewichtsverlagerung nach vorn. Das leicht in die Bewegungsrichtung gekippte Becken des Reiters (Bild Seite 27) zusammen mit dem darüber aufgerichteten Oberkörper signalisiert dem Pferd: Es geht vorwärts. Das Gegenteil dieser Haltung, nämlich eine Rückwärtstendenz im Sitz ist beim Reiten tabu – selbst beim Rückwärtsrichten (siehe Seite 92). Eine Rückwärtstendenz würde das Pferd im Rücken regelrecht behindern.

Reiten auf dem Zirkel: Die innere Körperseite bleibt weiter vorn, die äußere Schulter wird mit in die Bewegung genommen

Abwenden zu einer Volte: Je enger die Wendung werden soll, desto deutlicher muss die Gewichtsverlagerung ausfallen

Die horizontale Gesichtsverlagerung entspricht dem Be- und Entlasten (Bild Seite 34). Vermehrte Belastung des Pferderückens signalisiert dem Pferd: Nimm mit der Hinterhand vermehrt Last auf, verlagere deinen eigenen Schwerpunkt zurück (zum Beispiel beim Verkürzen des Tempos oder beim Durchparieren). Vermehrte Entlastung des Pferderückens signalisiert dem Pferd: Schiebe deinen Körper mit den Hinterbeinen mehr vorwärts, verlagere deinen eigenen Schwerpunkt nach vorn. Erwünscht ist dies zum Beispiel beim Verlängern der Tritte und beim Erhöhen des Grundtempos.

Bei der seitlichen Gewichtsverlagerung wird das Reitergewicht vermehrt auf eine Körperseite verlagert und mit Hilfe des entsprechenden Gesäßknochens auf den Pferderücken übertragen. Die Technik der einseitigen Gewichtsverlagerung setzt einen stabilen Oberkörper voraus und funktioniert nur, wenn die jeweils belastete Seite der Hüfte leicht nach vorn geschoben (und nicht eingeknickt) wird. Zum Abwenden und zum Reiten auf einer gebogenen Linie wird das Reitergewicht vermehrt auf die innere Seite verlagert (siehe Seite 100).

▶ Schenkelhilfen
Die Beine am Pferd

Die wichtigste Schenkelhilfe – gemeint sind die Unterschenkel – ist die korrekte Lage des Beines. Die Beine des Reiters sollen sich in beständigem Kontakt mit dem Pferdebauch befinden und ständig gleichmäßig anliegen. Nur aus dieser Lage heraus können Schenkelhilfen gegeben und vom Pferd verstanden werden.

Schwierigkeiten mit der korrekten Schenkellage entstehen immer dann, wenn die Beine unwillkürliche Ausgleichsbewegungen machen, um die Balance des Reiters zu sichern. So rutschen dem Anfänger in höherem Tempo oder bei dynamischen Bewegungsabläufen wie dem Angaloppieren regel-

Das Bein wird leicht nach innen eingedreht, die Kniescheibe zeigt nach vorn, die Fußspitzen haben eine leichte Tendenz nach außen

mäßig die Knie noch oben und die Beine nach vorn, weil der Oberkörper hinter die Senkrechte geraten ist. Bei fortgeschrittenen Reitern kann man häufig beobachten, wie das äußere Bein in jeder Wendung nach vorn rutscht. Hier gelingt die seitliche Gewichtsverlagerung nicht im gewünschten Maß; eine Kontrolle über die Lage des äußeren Schenkels kann erst gelingen, wenn der Reiter seine Balance gefunden hat.

Wenn das Bein aus der Hüfte leicht nach innen eingedreht ist, liegt es flach am Pferd und ermöglicht den besten Kontakt der Wade zum Pferdekörper. Damit dieser Kontakt auch in der Bewegung nicht verloren geht, muss der Reiter die Pferdebewegung über Hüft- und Fußgelenk abfedern können.

Oft zu sehen, aber wenig nützlich ist die Technik, mit den Unterschenkeln zu »klopfen«, um den Schenkelhilfen mehr Schwung und damit Nachdruck zu verleihen. In mindestens der Hälfte der Zeit sind die Beine dabei nicht im Kontakt mit dem Pferd und werden damit völlig unverbindlich. Die Schenkelhilfen erreichen das Pferd außerdem immer etwas zu spät.

Der Versuch, statt der Wade die Ferse ans Pferd zu bringen

Technik der Schenkelhilfen

Als Ausgangsposition dient die Lage des Schenkels am Gurt. Der vorwärts treibende Schenkel gibt aus dieser Schenkellage heraus einen Impuls an den Pferdekörper. Die Stärke dieses Impulses kann sehr unterschiedlich sein und richtet sich nach der geforderten Aufgabe und der erwünschten Reaktion des Pferdes. Die Bandbreite der Einwirkung ist groß; die Ausgangssituation bildet jeweils das vermehrte Federn in den Absatz. Dadurch wird der Wadenmuskel angespannt und verstärkt den Berührungskontakt. Dieser kann bis hin zu einem vorübergehend stärkeren Druck gesteigert werden. Um die Vorwärtstendenz der treibenden Hilfe zu unterstützen, sollte dieser Druck leicht nach vorn in die Bewegungsrichtung gehen – als inneres Bild von der Bewegung kann die Vorstellung dienen, ein paar wenige Pferdehaare am Bauch gegen den Strich nach vorn zu schieben.

Der vorwärts-seitwärts treibende Schenkel liegt eine knappe Handbreit hinter dem Gurt und übt den Druck deutlich nach der Seite hin aus, um das Pferd zum seitlichen Weichen vor dem Schenkel zu veranlassen.

Der verwahrende Schenkel liegt eine Handbreit hinter dem Gurt an und bietet einen ruhigen Gegenhalt für das Hinterbein auf der entsprechenden Körperseite des Pferdes. Aufgabe des verwahrenden Schenkels ist es nicht, Bewegung anzuregen, sondern die Form der Bewegung zu kontrollieren, das heißt ein seitliches Ausbrechen (in der Fachsprache: Ausfallen) zu verhindern.

Treiben und Verwahren mit dem Unterschenkel sind keine Gegensätze, sondern markieren die Bandbreite der Schenkelhilfen. In jeder Wendung hat der äußere Schenkel zum Beispiel die Aufgabe, das Pferd von außen einzurahmen und gleichzeitig das äußere Hinterbein zum Vortreten im Takt anzuregen.

▶ Zügelhilfen: Ziehen verboten!
Die beständige Verbindung

Das Geheimnis der viel beschworenen weichen Hände eines Reiters ist eine beständige Verbindung zwischen Reiterhand und Pferdemaul. Da diese Verbindung immer in Bewegung ist, besteht das eigentliche Kunststück darin, den Druck des Zügels auf die Außenseite des Ringfingers (bei der gängigen Zügelführung auf Trense; bei alternativen Zügelführungen entsprechend auf andere Finger) konstant zu halten. Das kann nur durch eine Sensibilisierung des Körpergefühls erreicht werden: Die beständige Verbindung zum Pferdemaul wird im Lauf der Ausbildung automatisiert.

Für jeden Reiter ist es ein langer Lernprozess, Bewegungen auf dem Pferd auszuführen – wie zum Beispiel das Aufstehen und Hinsetzen beim Leichttraben – und dabei die Hände nicht mit nach oben und unten zu bewegen. Weitaus schlimmer für ein Pferd als das Mitbewegen der Hände ist es, wenn sich sein Reiter am Zügel festhält oder bewusst daran zieht. Obwohl der Begriff »Zügel« eine Verwandtschaft zum Wort »ziehen« nicht verleugnen kann – Ziehen an den Zügeln ist beim Reiten tabu. Die einzige Ausnahme für diese Grundregel sind Gefahrensituationen, in denen es dem Reiter nicht gelingt, mit den regulären Hilfen sein Pferd unter Kontrolle zu halten.

Korrekte Zügelhilfen können nur aus einem stabilen Oberkörper heraus und mit einer korrekten Handhaltung (Bild Seite 85) gegeben werden. Wenn der sichere Kontakt zwischen Zügelfaust und Pferdemaul mit der Zeit zur Selbstverständlichkeit werden soll, darf im Unterarm und im Ellbogengelenk keine Kraft aufgewendet werden.

Die Zügelfäuste in der korrekten Ausgangsposition

NACHGEBENDE ZÜGELHILFEN
Alle Zügelhilfen sind Techniken, um den Zügeldruck in Stärke und Richtung zu verändern. Nachgeben ist die wichtigste, beständig geforderte Zügelhilfe. Sie reicht vom Zulassen der individuellen

Nickbewegung des Pferdekopfes über leichtes Ausdrehen der (vorher eingedrehten) Zügelfaust bis zum dosierten Vorgehen mit der Hand am Mähnenkamm entlang oder in Richtung Pferdemaul. Schließlich kann der Reiter die Finger öffnen und die Zügel dabei durchgleiten lassen bis zum langen Zügel mit Verbindung oder ganz hingegebenen Zügel ohne Verbindung.

ANNEHMENDE ZÜGELHILFEN Soll der Zügel kurzzeitig verkürzt werden, wird eine Hand (nie beide zugleich) leicht nach innen-oben eingedreht. Die gedachte Bewegungsrichtung zeigt auf die eigene gegenüberliegende Schulter. Rückwärtsbewegungen mit der Hand gelten als tabu. Sind die Zügel zu lang, um den gewünschten Kontakt zu erlauben, müssen sie nachgefasst werden (korrekt mit Hilfe von Daumen und Zeigefinger der gegenüber liegenden Hand).

DURCHHALTENDE ZÜGELHILFEN Diese – nicht selten missverstandene – Zügelhilfe kann am besten als das eigentliche Gegenteil der nachgebenden Zügelhilfe, als Nicht-Nachgeben, beschrieben werden werden.

Bei einem durchlässigen Pferd kann sie das Annehmen des Zügels ersetzen. Wehrt sich das Pferd allerdings gegen den Zügel, kann die durchhaltende Zügelhilfe bei fest geschlossener Faust kurzzeitig den Zügeldruck so weit erhöhen, bis er dem Pferd unangenehm wird und es zum Nachgeben veranlasst.

Leichtes Eindrehen der linken Zügelfaust

VERWAHRENDE ZÜGELHILFEN Der verwahrende Zügelhilfe liegt keine eigene Bewegungstechnik zugrunde – sie besteht im dosierten Nachgeben und Begrenzen in jeder Wendung mit der äußeren Hand (siehe Seite 103).

SEITWÄRTS WEISENDE ZÜGELHILFEN Wird der innere Zügel vom Hals weggenommen und der Kopf des Pferdes leicht zur Seite geführt, entsteht die seitwärts weisende Zügelhilfe. Sie zeigt dem Pferd eindeutig die gewünschte Bewegungsrichtung und kommt beim Anreiten junger Pferde oder beim Erlernen neuer Lektionen zum Einsatz.

Unabhängige Hände – unabhängiger Sitz?

Die Forderung nach »unabhängigen Händen« oder, anders ausgedrückt, einem »unabhängigen Sitz« ist genau genommen eine Fiktion. Handbewegungen sind nicht denkbar ohne Fixierung des Oberarmes an der Schulter und damit am Rumpf. Gemeint ist mit dieser Formulierung die Fähigkeit, mit den Händen den Bezug zum Pferdemaul herzustellen und zu kontrollieren – unabhängig von der Eigenbewegung des Rumpfes. Das kann nur aus einer stabilen Balance heraus gelingen und nur, wenn der Reiter sich auf die feinen Signale aus dem Pferdemaul einzustellen lernt. Allein die Reaktion des Pferdes kann den Reiter lehren, mit weichen Händen zu reiten. Das Aufgeben der Verbindung zum Pferdemaul, der schlabbernde, durchhängende Zügel oder ruckhaft losgelassene Zügel wirkt nicht etwa weich, sondern hart. Ohne Zügelverbindung können die Hände nicht fühlen lernen und nicht fühlen.

Die feine, federnde Verbindung

Freihändiges Reiten fördert die Balance. Allerdings machen Reiter bei Sitzübungen an der Longe die zunächst erstaunliche Erfahrung, dass eine beständige Verbindung zum Pferdemaul den korrekten Sitz nicht schwieriger, sondern einfacher macht. Ohne Kontakt zum Pferdemaul sind die Hände weitaus unruhiger: es fehlt ihnen die Orientierung für den richtigen Standort. Die Einwirkung mit der Hand kann nur vom Reiter kontrolliert werden, wenn er seinen Oberkörper in die Länge und Breite gespannt hat – andernfalls zieht das Pferd bei jeder Kopfbewegung die Schultern oder gar den Rumpf des Reiters aus dem Gleichgewicht. In der Reitlehre wird gefordert, die Hände zu tragen – tatsächlich fordert und fördert das Tragen eines imaginären Gewichtes die Aufrichtung. Werden die Oberarme leicht nach außen gedreht, bleiben die Ellbogen nahe am Körper und damit leichter unter Kontrolle. Schließlich müssen die Zügelfäuste weit genug vor dem Sattel ihren Platz finden: Je kürzer die Verbindung zum Pferdemaul, desto kürzer auch Reaktionsweg und –zeit. Kurze Zügel sind daher weicher als lange Zügel.

Beim Zulegen im Galopp ist die federnde Verbindung zum Pferdemaul besonders anspruchsvoll: der innere Zügel muss jedem Sprung nach vorn dosiert Raum geben

Ein gutes Beispiel für das komplizierte Zusammenwirken innerer und äußerer Hilfen bietet das Einrahmen eines Pferdes in einer Wendung

▶ Feine Abstimmung der Hilfen
Nur gemeinsam sind sie stark

Jede Einwirkung des Reiters entsteht durch ein Zusammenwirken aller Hilfen. Erst wenn ein Reiter so sicher in der Bewegung sitzt, dass er mit den Gesäßknochen, Zügelfäusten und Waden einen beständigen, kontrollierten Kontakt zum Pferd aufrecht erhalten kann, können die Hilfen für das Pferd verbindlich werden. Dabei setzt sich jede Einwirkung aus einem Mosaik unterschiedlicher Hilfen zusammen. Erst im Zusammenspiel können sie zu verbindlichen nonverbalen Anweisungen für das Pferd werden. Isolierte Hilfen wirken halbherzig oder – noch schlimmer – widersprüchlich. Jede einseitig belastende Gewichtshilfe zum Beispiel braucht als Gegenpol den verwahrenden gegenüberliegenden Schenkel, wenn sie vom Pferd verstanden werden soll.

Die Kontrolle über ein Pferd – in welcher Situation auch immer – kann nur durch den dosierten Einsatz aller Hilfen gewährleistet werden. Einseitige Hilfengebung – zum Beispiel Annehmen nur eines Zügels, isolierter Einsatz eines Schenkels oder einseitige Gewichtsverlagerung ohne Unterstützung von Schenkel und Zügeln – wirkt immer störend auf den dreidimensionalen Bewegungsablauf. Pferde brechen dann über die Schulter aus, schleudern mit der Hinterhand oder wechseln abrupt die Richtung. Ein fehlendes Zusammenspiel der Hilfen ist Ursache der meisten Missverständnisse zwischen Pferd und Reiter. Widersprüchliche Hilfen – etwa vortreibende Schenkelhilfen, aber annehmende Zügelhilfen – provozieren Verweigerung und Widerstand. Falsche oder schlecht koordinierte Hilfen stören das Pferd lediglich im Bewegungsablauf und machen es unwillig.

Das Zusammenspiel der Hilfen erfordert koordinative Höchstleistungen. Der Rumpf und alle Gliedmaßen müssen unterschiedlich reagieren, zum Beispiel der Oberkörper sich aufrichten, eine Hand verwahren, die andere annehmen, ein Schenkel vorwärts treiben, der andere verwahren, und das alles zur gleichen Zeit. Außerdem muss die Dosierung auf einander abgestimmt werden: die verhaltenden Hilfen auf die treibenden, die nachgebenden auf die annehmenden, die jeweils äußeren auf die inneren – und alle gemeinsam auf die Reaktion des Pferdes. Ein Reiter kann erst dann sein Pferd sicher kontrollieren, wenn es ihm gelingt, eine Beziehung zwischen den verschiedenen Hilfen herzustellen.

Die Verfeinerung des Zusammenspiels der Hilfen und die Verbesserung der Abstimmung auf das Pferd lässt sich geradezu als gemeinsames Ziel aller Ausbildung im Reitsport beschreiben – ganz egal, in welcher Reitweise, welcher Disziplin und für welches sportliche Ziel.

▶ Hilfen im Überblick

▶ **GEWICHTSHILFEN:**
beidseitig belastend / einseitig belastend / entlastend
regen die Vorwärtsbewegung generell an
geben die Bewegungsrichtung vor
beeinflussen das Gleichgewicht des Pferdes

▶ **SCHENKELHILFEN:**
vorwärts treibend / vorwärts-seitwärts treibend / verwahrend
regen die Vorwärtsbewegung an
regeln die Vorwärtsbewegung (Gangart, Takt, Tempo)
geben die Richtung vor, begrenzen die Richtung

▶ **ZÜGELHILFEN:**
annehmend / nachgebend / durchhaltend / verwahrend / seitwärts weisend
erlauben und regeln die Vorwärtsbewegung (Gangart, Takt, Tempo)
geben die Richtung vor, begrenzen die Richtung

▶ Im richtigen Augenblick
Auf die Bewegung kommt es an

Damit die Hilfen beim Pferd richtig ankommen und verstanden werden können, müssen sie nicht nur in der korrekten Technik und passend dosierten Stärke, sondern auch im richtigen Augenblick gegeben werden. Der passende Moment wird grundsätzlich durch die Fußfolge des Pferdes vorgegeben (siehe Seite 23). Angaloppieren beispielsweise beginnt mit der Lastaufnahme des äußeren Hinterbeines – daher der zurückgenommene, verwahrende Schenkel im Galopp. Erst dann folgt der richtige Moment dafür, den Galoppsprung mit dem inneren Schenkel anzuregen und am inneren Zügel durch Nachgeben überhaupt erst zuzulassen. Das Angaloppieren misslingt Anfängern oft, weil sie den richtigen Augenblick zum Vortreiben und Nachgeben entweder vorwegnehmen oder verpassen.

Aber der richtige Augenblick für die Hilfengebung ist kein Thema, das nur Reitanfänger angeht. Für den Erhalt der Vorwärtsbewegung mit dem kleinstmöglichen Aufwand für den Reiter müssen die Hilfen genau im Takt der Pferdebewegung gegeben werden. Das Hinterbein des Pferdes kann nur in dem Zeitraum zum vermehrten Vortreten oder Richtungswechsel angeregt werden, in dem es sich in der Luft befindet. Diesen Moment gilt es zu treffen.

Wer eine Kurzkehrtwendung einleiten will, muss den Moment abpassen, in dem der äußere Vorderhuf vom Boden abgehoben wird. Nur dann kann das Pferd korrekt mit dem äußeren Beinpaar über das innere kreuzen.

Eingeleitet im passenden Moment: die Kurzkehrtwendung. Die Balance des Pferdes bleibt erhalten

Auf das Pferd kommt es an

Ob die Reiterhilfen das Pferd zur gewünschten Reaktion veranlassen, ob also die Einwirkung gelingt, hängt in hohem Maß von der Bereitschaft des Pferdes ab, auf den Reiter zu hören. In diesem Punkt gibt es nicht nur von einem Pferd zum anderen, sondern auch von Mal zum darauffolgenden, ja sogar von Zeitpunkt zum nächsten große Unterschiede. Das eine Pferd ist generell aufmerksamer, das andere reagiert einfach langsamer. Und ein aufmerksames Pferd, das eben noch auf die Reiterhilfen geachtet hat, kann wenige Sekunden später durch Störungen von außen abgelenkt sein.

Eingeleitet im unpassenden Moment: Umstellen zum Außengalopp.
Die Balance des Pferdes ist gestört

Die generelle Bereitschaft (auch des noch nicht ausgebildeten) Pferdes, auf den Reiter zu hören, wird Rittigkeit genannt. Sie ist eine der wünschenswerten Eigenschaften eines Pferdes, die oft entscheidender sind für den Erfolg der Ausbildung als das Talent. Je weiter ein Pferd ausgebildet ist, desto sicherer und leichter sollte es auf die Hilfen hören – in der Realität geht Ausbildung leider oft mit Abstumpfung einher. Hinderlich für das Befolgen der Anweisungen des Reiters sind alle Faktoren, die im Pferd Unbehagen auslösen (Schmerz, Stress, Angst) oder es zumindest ablenken (Erregung, Bewegungsstau, starke Umweltreize). Je mehr sich ein Pferd auf seinen Reiter konzentriert, desto leichter dürfen die Hilfen gegeben werden. Ein Zaubermittel zur Verbesserung der Konzentration des Pferdes sind halbe Paraden (siehe Seite 110).

Schließlich verbessert auch ein systematischer, logischer, auf die Bedürfnisse des Pferdes ausgerichteter Trainingsaufbau in jeder einzelnen Stunde die Reaktion jedes Pferdes auf die Hilfen.

▶ Ein Pferd an den Hilfen
Das Geheimnis der Anlehnung

Die schnöde Formulierung von der gewünschten »Kontrolle über das Pferd« verführt viele Reiter zu dem Versuch, diese Kontrolle durch Zwang auszuüben: durch kraftvolles Hebeln mit dem Oberkörper, starken Druck mit den Schenkeln, heftigen Zügelanzug oder starres Gegenhalten am Zügel. Nichts von alledem führt zum gewünschten Erfolg, nämlich dem freiwilligen Nachgeben des Pferdes auf die Reiterhilfen. Wer versucht, ein Pferd mit Kraft unter Druck zu setzen, erzeugt in erster Linie Gegendruck. Im direkten Kräftevergleich zwischen Mensch und Pferd hat der Sieger aber immer vier Beine...

Die Möglichkeiten der Einwirkung auf das Pferd heißen deswegen »Hilfen«, weil sie dem Pferd helfen sollen, sich mit dem Reiter auf seinem Rücken wohl zu fühlen, das heißt, sich mit angepasstem Muskelaufwand ausbalanciert und rhythmisch zu bewegen. Wohlbefinden lässt sich nicht erzwingen – nur ermöglichen. Oberste Zielsetzung aller Hilfengebung muss es daher sein, dem Pferd die ausbalancierte, rhythmische Eigenbewegung schmackhaft zu machen.

In Richtung auf dieses Ziel arbeiten die treibenden und verwahrenden, annehmenden und nachgebenden Hilfen zusammen, um das Pferd zu einer sicheren Anlehnung am Gebiss zu verlocken. Wohlgemerkt: Das Pferd lehnt sich an die Reiterhand an, nicht die Reiterhand ans Pferdemaul! Mit Hilfe der treibenden Hilfen kann ein Reiter – bei entspannter Halshaltung des Pferdes – erreichen, dass dieses sich an den Zügel herandehnt. Die obere Halslinie soll dabei nicht etwa kürzer, sondern länger werden!

Eine sichere Anlehnung ist dann gegeben, wenn das Pferd die treibenden, verwahrenden und annehmenden Hilfen »durchlässt«, das heißt, die entsprechenden Signale des Reiters befolgt. Über die äußere Form (»durchs Genick gehen«) sagt der Begriff der Anlehnung noch gar nichts aus.

Die Selbsthaltung

Um sich mit dem Reiter auf seinem Rücken ungehindert bewegen zu können, muss auch das Pferd selbst eine bestimmte Körperhaltung einnehmen. Die gewünschte »Selbsthaltung« ist nicht durch eine vorgeschriebene äußere Form definiert, sondern durch ihre Funktion. So ist es für ein Pferd unter dem Sattel nicht zweckdienlich, mit hoch erhobener Nase, gerade nach vorn gestrecktem Hals und (dadurch bedingt) nach unten weggedrücktem Rücken einen Reiter zu tragen. Beide fühlen sich bei dieser Haltung des Pferdes unwohl.

Am besten kann das Pferd eine Last auf seinem Rücken tragen, wenn es den Rücken aufwölbt, das heißt, die lange Muskelkette vom Genick bis zum Schweifansatz dehnt. Je nach der unterschiedlichen Anatomie, Bemuskelung und dem Ausbildungsstand des Pferdes kann die Selbsthaltung unterschiedlich ausfallen. Sie setzt immer voraus, dass ein Pferd Kopf und Hals nicht überwiegend mit der Unterhalsmuskulatur trägt. Gedehnt wird die Oberlinie des Halses nur dann, wenn ein Pferd den Hals »fallen lässt« und sein Genick aufwölbt – also die Stirn-Nasenlinie zurücknimmt bis (höchstens) kurz vor die Senkrechte.

Die Selbsthaltung wird, wie der Name sagt, vom Pferd eingenommen – die Hilfen unterstützen es nur dabei. Die besten Hilfen sind die, die sich selbst überflüssig machen! Selbsthaltung ist nämlich erst dann gewährleistet, wenn sie auch ohne anstehende Zügelverbindung erhalten bleibt. Als Kontrolle über die Selbsthaltung dienen daher Lektionen wie das Überstreichen (Vorgehen in Richtung Pferdemaul) der Zügelfäuste (Bild Seite 60).

Vorwärtstreibende Sitz- und Schenkelhilfen und eine deutlich sichtbares Nachgeben am Zügel (Bild links) veranlassen das Pferd, sich mit langem Hals an den Zügel heranzudehnen und die Anlehnung an die Hand der Reiterin zu suchen

Wenn ein Pferd –
unterstützt durch die
Reiterhilfen – seine
Selbsthaltung gefunden
hat, geht sie auch beim
Aufgeben der Zügel-
verbindung, dem
sogenannten »Über-
streichen«, nicht
verloren

Das Genick als Dreh- und Angelpunkt

Natürlich ist das Genick als Dreh- und Angelpunkt der Pferdebewegung nicht aus dem Thema Hilfengebung wegzudenken. Beim
Pferd – wie beim Menschen – bildet der Kopf die physische und
psychische Kommandozentrale. Daher ist es ein legitimes Anliegen des Reiters, Kopf, Genick und Hals des Pferdes zu kontrollieren. Und daher rührt auch die oft gehörte Forderung, dass ein
Reiter sein Pferd »an den Zügel stellen« sollte, damit das Pferd
endlich »am Zügel« geht. Diese Formulierungen verleiten allerdings zu falschen Prioritäten!

Der Motor der Pferdebewegung sitzt in der kraftvoll abfuß-
enden Hinterhand, und wer die Pferdebewegung kontrollieren
will, muss mit seiner Einwirkung bei der Hinterhand ansetzen.
Pferdebewegung organisiert sich selbst von hinten nach vorn, und
genau in dieser Richtung muss auch ein Reiter seine Hilfengebung organisieren. Der Versuch, mit vorherrschenden Zügelhilfen die Kontrolle über Kopf, Genick und Hals des Pferdes zu
erreichen, endet – wenn die Hinterhand nicht auf die vorwärtstrei-
benden Hilfen abgestimmt ist – unweigerlich in einem Abbremsen und Behindern der Pferdebewegung.

Entfalten kann sich das Pferd nur, wenn seine Kopf-, Hals-
und Genickhaltung der Gangart, dem Tempo und der Richtung

der Bewegung entsprechen. Auch in seiner gesamten Länge muss ein Pferd sich ausbalancieren und sich zum Beispiel gebogenen Linien anpassen (siehe Seite 103). Ohne eine feine, federnde und jederzeit zum Nachgeben bereite Zügelverbindung schaffen die wenigsten Pferde es, sich perfekt auszubalancieren. Ist das erreicht, dann darf die Zügelverbindung zur Überprüfung der Selbsthaltung aufgegeben werden (Bild links).

Die Gegenwehr der Pferde

Die leichte, feine Verbindung zum Pferdemaul – für die manchmal schon das Gewicht des minimal durchhängenden Zügels ausreicht – erreicht man allerdings nicht durch demonstratives Loslassen eines oder beider Zügel. Schlackernde, ruckhaft weggeworfene oder verbindungslos durchhängende Zügel wirken hart und provozieren Gegenwehr.

Je nach ihrer speziellen Anatomie fällt die Gegenwehr von Pferden gegen vorherrschende und unangepasste Zügelhilfen unterschiedlich aus. Pferde mit langen, beweglichen Hälsen können sich regelrecht überrollen, das heißt ihre Nasen-Stirnlinie kommt deutlich hinter die Senkrechte. Vielfach verkriechen sich diese Pferde »hinter dem Zügel« und strecken sich nicht mehr vertrauensvoll an die Hand. Eine andere Ausweichmöglichkeit ist der »falsche Knick«, bei dem der Hals sich höher aufwölbt als das Genick. Das Pferd kann seine eigenen Vorwärtsbewegung nicht mehr bis in sein Genick hinein abfedern – die Bewegung wird zwangsläufig abgebremst. Daher sollte – bis auf Lektionen, die mit tiefer Nase des Pferdes geritten werden (Dehnungshaltung beim Lösen, Zügel aus der Hand kauen lassen) – das Genick stets der höchste Punkt des Pferdes bleiben. Das ist auch nicht mehr der Fall, wenn ein Pferd sich »auf den Zügel zu legt«. Dabei überträgt das Pferd sein Gewicht von Kopf und Hals über die Zügel auf Hände und Arme des Reiters – eine äußerst unangenehme Erfahrung. Die Korrektur muss bei der Eigenbewegung des Pferdes, bei den Hinterbeinen ansetzen! Nur dann kann ein Pferd seine Selbsthaltung wiederfinden.

Eine Auswahl der typischen Ausweichmanöver auf vorherrschende Zügelhilfen: Das Pferd verkriecht sich hinter dem Zügel (oben), zeigt einen falschen Knick (links) oder legt sich auf den Zügel (rechts)

Korrekte Ausgangs-
stellung (oben links);
Gerteneinsatz
(unten rechts)
Falsche Gertenhaltung
(oben rechts);
rückwärts wirkender
Gerteneinsatz
(unten links)

► **Hilfsmittel: Gerte, Stimme, Sporen**
Wohin mit dem Störenfried Gerte?

Gerten sind eine ebenso nützliche wie störende Unterstützung der treibenden Hilfen: Eine Gerte – selbst wenn sie nur ruhig in der Hand liegt – stört den feinen Kontakt zwischen Reiterhand und Pferdemaul. Das Pferd der Gerte zu berühren, ohne gleichzeitig die Einwirkung mit den Zügeln zu behindern, ist ein Kunststück, das lange Übung erfordert und das auch erfahrene Reiter nicht immer beherrschen. Andererseits kommt die Gertenwirkung durch ihren eindeutigen Signalcharakter dem Verständnis und der Reaktion des Pferdes deutlich entgegen.

Die wichtigste Funktion einer Gerte besteht in der Unterstützung der vortreibenden Schenkelhilfen. Der Einsatz der Gerte dicht hinter dem Unterschenkel – nicht als Schlag, sondern als dosierter Berührungsreiz – signalisiert dem Pferd deutlich: tritt mit dem Hinterbein mehr nach vorn unter deinen Schwerpunkt. Damit die Gerte den Pferdebauch berühren kann, muss die Zügelfaust ein Stück vom Pferdehals weg zur Seite geführt werden. Ansonsten kann die Gerte nur dann den Pferdekörper berühren, wenn die Hand deutlich zurückgenommen wird – ein typisches Beispiel für die widersprüchlichen Kommandos »Stopp!« und »Go!« gleichzeitig.

Für Reitanfänger empfehlen sich kürzere Gerten (Länge ca. 1 Meter). Die Gerte wird jeweils zur Unterstützung des inneren Schenkels verwendet und daher bei jedem Handwechsel ebenfalls gewechselt (Zügel und Gerte in die alte innere Hand, mit der neuen inneren Hand Gerte nach oben herausziehen, Zügel wieder teilen). Weniger bekannt, aber durchaus nützlich und technisch einfacher ist die Möglichkeit, die Gertenhilfe an der Schulter zu geben. Leichtes Anlegen der Gerte an der Schulter weist das Pferd nach außen – eine gute Hilfe zum Beispiel auch in der Ausbildung junger Pferde, die noch nicht sicher auf die Reiterhilfen reagieren.

Mit einer längeren Gerte ist die gezielte Berührung des Pferdes einfacher; Gerten über 1,20 Meter Länge sind allerdings in Dressurprüfungen verboten. Lange Dressurgerten werden nicht gewechselt. Das gezielte Berühren der Hinterhand oder Kruppe des Pferdes mit der langen Dressurgerte sollte Könnern im Sattel vorbehalten bleiben.

Eine Gertenhilfe kann auch an der Schulter gegeben werden, nicht nur wie hier im leichten Sitz

Gerte und Sporen sind Hilfsmittel. Sie sollten nur angewendet werden, wenn Schenkel und Gewichtshilfen nicht genügend durchkommen. Wenn der Reiter noch nicht ruhig sitzen kann, sticht er mit seiner unruhigen Wade ständig mit dem Sporen zu. Gerte und Sporen sollen nur unterstützend wirken: das Ziel ist schließlich ein Pferd, das alle Hilfen sensibel und reaktionsschnell annimmt und das geht nur bei einem ruhigen Sitz.

Wundermittel Stimme

Die wichtigste Kommunikation mit dem Pferd funktioniert auf nonverbaler Ebene. Aber trotzdem ist die Stimme ein nicht zu verachtendes Hilfsmittel für den Reiter. Pferde mit ihrem überaus feinen Gehör (das den menschlichen Hörbereich bei weitem übersteigt) reagieren auf feinste akkustische Reize – also auch auf eine leise(!) Stimme des Reiters. Reitanfänger machen beispielsweise sehr bald die Erfahrung, dass Schulpferde oft bereitwilliger auf die Kommandos des Ausbilders reagieren als auf ungeschickte Reiterhilfen.

Lautes Sprechen in der Bahn sollte allerdings dem Ausbilder vorbehalten bleiben! Wenig sinnvoll ist es auch, die Stimme statt der Hilfengebung einzusetzen. Pferde sind gelehrig und lassen sich durchaus dazu bringen, zum Beispiel auf doppeltes Schnalzen hin anzugaloppieren. Solche Angewohnheiten stören aber das Funktionieren der angestrebten wortlosen Verständigung und behindern Reiter dabei, die Sprache der Hilfengebung korrekt zu erlernen. Leise Unterstützung der Hilfen durch sprachliche Signale kann dagegen in der Anfangsausbildung eines jungen Pferdes sehr hilfreich sein.

Laute Unmutsäußerungen bis hin zu Geschrei im Sattel sind störend für die Konzentration der Mitreiter und schlechter Stil. Auseinandersetzungen mit dem Pferd lassen sich nun einmal nicht auf verbaler Ebene lösen. Mehr als ein kurzes, scharfes sprachliches Signal ist auch im Fall einer Gefahr – wenn ein Pferd etwa scheut oder steigt – nicht angebracht.

Umso dankbarer sind Pferde dagegen für jedes Lob: eine leise, mit tiefer Stimme gegebene Belohnung für eine gut ausgeführte Übung. Auf diese Weise kann das Lob – unterstützt durch taktile Reize wie Streicheln und leichtes Klopfen am Hals – zum angenehmen und beliebten Ritual für das Pferd werden.

Die Grundlagen für einen sicheren Stimmkontakt werden beim Umgang mit dem Pferd gelegt. Jedes Pferd sollte die Stimme eines Menschen grundsätzlich als angenehmes Verständigungsmittel kennenlernen. Auf dieser Basis kann eine verbale Unterstützung auch in einer Konfliktsituation funktionieren. Zeigt ein Pferd zum Beispiel Anzeichen von Nervosität oder Angst, dann kann eine vertraute und vertrauenswürdige Stimme durchaus zur Entspannung und Beruhigung beitragen.

Sporen: überflüssig und zweckdienlich zugleich

Sporen dienen der Unterstützung und Verfeinerung der Schenkelhilfen. Eines haben alle unterschiedlichen Sporen gemeinsam: Sie sollten im Regelfall überflüssig sein. Das heißt, die Grundgangarten und der Erhalt von Vorwärtsbewegung und Tempo sowie das Einschlagen der gewünschten Richtung muss ohne Mithilfe der Sporen vor sich gehen. Sporen im Dauerkontakt mit dem Pferdebauch wirken nur abstumpfend.

Wie der Sporen überhaupt in Kontakt mit dem Pferdebauch kommen kann, hängt von der Länge des Reiterbeines, sowie dem Sitz und der Länge der Sporen ab. Bei langen Beinen und schmalen Pferden kann ein Sporen nur ans Pferd gelangen, wenn der Reiter die Fußspitze leicht nach außen dreht. Sporen unterstützen die Schenkelhilfen – mit Sporen können feinere und gezieltere, aber auch intensivere Hilfen gegeben werden. Die Bandbreite der Technik reicht vom leichten Anlegen bis zum Sporenstich (ausschließlich in Konfliktsituationen).

Damit der Dorn des Sporens das Pferd berühren kann, muss die Fußspitze leicht nach außen gedreht werden (oben).
Wer beim Sporengebrauch den Absatz hochzieht, verliert dagegen den Kontakt der treibenden Wade zum Pferdebauch (unten)

Passende Sporen

- Sporen müssen in ihrer Größe (Rundung) zum Stiefel (Fersenbreite) passen
- Kurze Sporen für kurze Reiterbeine und breite Pferde mit tiefem Rumpf
- Lange Sporen für lange Reiterbeine und schmale Pferde mit wenig Gurtentiefe
- Scharfe Sporen (mit Spitze, scharfen Kanten oder gezackten Rädchen) nur für fortgeschrittene Reiter; es darf keine Verletzungsgefahr für das Pferd bestehen
- Rädchensporen (Rädchen müssen sich unbedingt bewegen lassen) wirken weniger scharf als Sporen mit einer einzigen Spitze
- Auf Turnieren sind Sporen über 4,5 Zentimeter Dornlänge (für Ponyreiter 3,5 cm) verboten
- Alle Sporen müssen sauber gehalten werden
- Zum guten Ton für Reiter gehört es, Sporen ausschließlich auf dem Pferd zu tragen

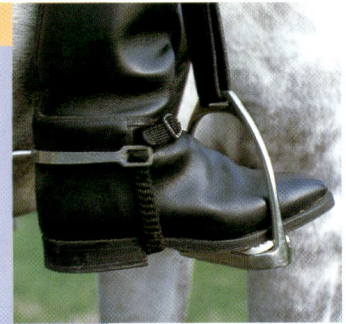

Eine geforderte Lektion, wie hier das Zulegen im Trab, genau „am Punkt" auszuführen, erfordert eine sichere Abstimmung der Hilfengebung auf die Situation und das Pferd

► ## Die Reaktion des Pferdes
Die richtigen Hilfen für jedes Pferd

Jeder Reitschüler wünscht sich einfache, klare und verständliche Anweisungen für die Hilfengebung, ähnlich wie in einem Kochrezept. Und jeder Reitschüler wird erleben, dass selbst die Rezepte für grundlegende Lektionen wie das Antraben nur bedingt, unzuverlässig und vor allem auf jedem Pferd anders funktionieren. Genauso wichtig wie die Technik der Hilfengebung zu lernen ist es daher, das Gefühl für die Reaktion des Pferdes zu schulen.

Generell sollte ein guter Reiter mit so wenig Hilfen wie möglich auskommen, aber so viele Hilfen wie nötig geben können. Sinngemäß gilt dieser Grundsatz auch für die Dosierung der Hilfengebung: alle Hilfen sollen so intensiv wie nötig, aber so fein wie möglich gegeben werden. Aber selbst wenn ein Pferd nicht die gewünschte Reaktion zeigt: Hilfen wirken nur impulsartig, nie als Dauerspannung, Dauerdruck oder Dauerzug.

Werden zu wenige und zu vorsichtige Hilfen gegeben, lernen Pferde, Anweisungen des Reiters einfach zu ignorieren. Werden zu viele und zu intensive Hilfen gegeben, stumpfen Pferde ab und reagieren nicht mehr auf feine Einwirkung.

Wetter, Uhrzeit, Tagesform

Pferde reagieren sensibel auf viele unterschiedliche Faktoren: auf Wetter, Jahres- und Tageszeit, auf ihren Futter- und Bewegungsrhythmus, auf andere Pferde, Außenreize oder die Stimmung des Reiters. Von all diesen Faktoren kann es abhängen, ob ein Pferd sich auf den Reiter konzentriert oder abgelenkt ist. All diese Faktoren beeinflussen die Reaktion des Pferdes auf die Forderungen, die ein Reiter stellt. Herrscht zum Beispiel in einer Reitbahn eine gespannte Atmosphäre, weil ein anderer Reiter sich im Clinch mit seinem Pferd befindet, richten alle übrigen Pferde instinktiv einen Teil ihres Interesses auf den Ausgang dieses Matches.

Nur ein Reiter, der lernt, die Reaktionen des Pferdes wahrzunehmen und zu verstehen, kann die gewünschte Kooperationsbereitschaft des Pferdes sicherstellen. Dazu gehört aber noch eine weitere, zwingende Voraussetzung: Die Forderung, die der Reiter stellt, müssen angemessen sein, das heißt, zum individuellen Temperament, zum Ausbildungsstand und Leistungsvermögen des Pferdes, zum eigenen reiterlichen Können, dem Aufbau der Reitstunde und einer systematisch aufgebauten Ausbildung passen. Überforderung erzeugt Widerstand und Gegenwehr, Unterforderung Langeweile und Ungehorsam.

Einem gefühlvollen Reiter kann es dagegen gelingen, durch geschickte Hilfengebung ein Pferd aufmerksamer, williger und reaktionsschneller zu machen – es regelrecht zu sensibilisieren. Als wahres Wundermittel für diesen Zweck wirken halbe Paraden (siehe Seite 110).

► Helfen statt strafen
Mangelnde Kooperationsbereitschaft?

Pferde als ängstliche Fluchttiere mit hohem Anpassungsvermögen zeigen generell eine große Bereitschaft, den Anweisungen des Menschen – also auch den Reiterhilfen – zu folgen. Für Widerstand haben sie immer einen plausiblen Grund. Im Gegensatz zu Menschen haben Pferde nicht einfach üble Launen oder

▶ **Lob und Strafe**

Pferde haben ein gutes Erinnerungsvermögen und können deshalb Strafe und Korrektur meist unterscheiden. Aber Strafe und Lob müssen unbedingt sofort erfolgen. Die Korrektur muss dann in der Regel durch Wiederholung der Lektion erfolgen. Sobald das Pferd die Übung richtig ausgeführt hat, muss es unbedingt gelobt werden. Loben kann man durch Klopfen und oder mit der Stimme, aber auch eine Pause belohnt das Pferd. Eine Strafe kann das Ausbleiben von Lob bedeuten. Mit Lob braucht man nie sparsam sein, aber die Strafe muss vom Reiter wohl überlegt und sparsam angewendet werden.

kündigen mutwillig ihre Mitarbeit auf. Die Hauptursachen für Widerstand gegen Forderungen des Reiters sind Unverständnis, Angst und anderslautende Instinkte. Im Verlauf der Ausbildung eines Reitpferdes stellt ein Reiter notgedrungen eine Reihe von Forderungen an das Pferd, die seinem arttypischen Verhalten entgegenstehen, zum Beispiel dem Herdentrieb oder dem Fluchtverhalten. Verständnis für die Instinktreaktionen des Pferdes kann manche Konfliktsituation entschärfen, in der ein Pferd nicht auf die Hilfen reagiert. So kann der Einsatz eines sicheren Führpferdes in angstbesetzten Situationen Wunder wirken.

Für jeden Reiter sollte es sozusagen Ehrensache sein, den Grund für mangelnde Kooperationsbereitschaft seines Pferdes herauszufinden, und zwar nach dem Grundsatz: »Im Zweifel für den Angeklagten!« Diese Forderung setzt auch die immer nötige selbstkritische Prüfung voraus: Waren meine Forderungen angemessen? Waren meine Hilfen korrekt, deutlich, verständlich und richtig auf die Situation abgestimmt? Der weise Spruch

Lob, Korrektur, Strafe

LOB:
▶ Stimme, Klopfen, Streicheln
▶ Wiederholung der gelungenen Lektion mit leichteren Hilfen
▶ Nachgeben, Zügel hingeben, Einlegen einer Pause
▶ Beenden der Arbeit, Gelegenheit zum Freilaufen, Wälzen
▶ Belohnungsfutter (Vorsicht, kann Futterbetteln auslösen!)

KORREKUR:
▶ Stimme, Wegfall von Lob und Streicheln
▶ Nicht Nachgeben
▶ Wiederholung einer misslungenen Lektion mit stärkeren Hilfen
▶ Intensivierung einer einzelnen Hilfe, auf die das Pferd nicht reagiert hat
▶ Unterstützung durch Sporen und Gerte

STRAFE:
▶ Nur im Fall drohender Gefahr!
▶ Laute Stimme, gezielter Schlag mit der Gerte, Sporenstich
▶ Achtung: Niemals ein Pferd am Kopf strafen – weder durch Reißen am Zügel noch durch Schläge!

eines alten Stallmeisters: »Am Pferd liegt's nicht, es liegt am Kutscher!« passt auch in die Reiterei – besser, als viele Reiter wahrhaben wollen.

Loben, korrigieren, strafen

Korrektur hat Vorrang vor Strafe – und Lob hat Vorrang vor Korrektur. Das heißt, um das unerwünschte Verhalten eines Pferdes abzustellen, ist es zunächst die bessere Strategie, das erwünschte Verhalten des Pferdes zu belohnen und zu verstärken. Reagiert ein Pferd willig auf die Hilfen, dann hat ein Reiter vielfältige Möglichkeiten, dem Pferde die Situation so angenehm wie möglich zu machen – so wird erwünschtes Verhalten verstärkt.

Jede Korrektur muss eindeutig sein. Hier sagt ein Sporenstich deutlich „Vorwärts!", und die Hand gibt der Vorwärtsbewegung Raum

Das Gegenteil davon ist nicht Strafe, sondern Korrektur. Und Korrektur hat letztendlich das gleiche Ziel wie Lob: dem Pferd – nachdem das unerwünschte Verhalten abgestellt ist – erwünschtes Verhalten schmackhaft zu machen.

Strafen sind Pferden gegenüber äußerst selten angebracht und mit Vorsicht zu dosieren. Ein Pferd, das sich aus Angst den Forderungen des Reiters widersetzt, kann man nicht durch Strafen zur Mitarbeit bewegen, im Gegenteil: Es wird beim nächsten ähnlichen Ereignis noch zusätzlich Angst vor der Strafe haben. Strafen sind nur dann legitim, wenn ein Pferd durch seine Reaktionen sich oder andere gefährdet und auf keine andere Weise gestoppt werden kann. Die Strafe muss dosiert bemessen sein und in unmittelbarem Zusammenhang mit dem unerwünschten Verhalten des Pferdes stehen – im Nachhinein kann ein Pferd nicht begreifen, wofür es gestraft wird. Strafen sollten immer mit dem Ziel ausgeführt werden, das Pferd zu korrigieren – und nicht, ein Fehlverhalten zu sühnen. Überzogene Strafen können das Vertrauen eines Pferdes unwiederbringlich zerstören.

Sitzfehler
und Probleme

Wo die Kommunikation gefordert ist, sind Missverständnisse an der Tagesordnung. Verständigungsprobleme liegen nahe, weil in der Regel zumindest einer der beiden Kommunikationspartner die Sprache der Hilfen nur unzureichend beherrscht, also erst lernen muss. Wenn die Ausbildung für Reiter und Pferd angenehm sein soll, dann muss überflüssiger Reibungsverlust vermieden werden. Eine harmonische Verständigung zwischen Pferd und Reiter kann auf jeder Ausbildungsstufe erreicht werden – genauso, wie es Störungen in der Kommunikation auf jedem reiterlichen Niveau gibt.

Störungen treten immer dann auf, wenn ein Partner den anderen gar nicht versteht, missversteht oder wenn er ganz anders als erwartet reagiert. Störungen haben immer Vorrang – das heißt, jeder Reiter muss Störungen wahrnehmen und auf sie reagieren. Jede Störung hat eine Ursache. Nicht beachtete Störungen begrenzen schließlich die Möglichkeiten der Ausbildung und führen in eine Sackgasse. Allzu bald ist das individuelle »Ende der Fahnenstange« im Ausbildungsweg von Pferd und Reiter erreicht.

Störungen
haben
Vorrang

▶ **Im Zweifel für den Partner Pferd**
Keine Störung ohne Grund

Die Kommunikation zwischen Reiter und Pferd misslingt nicht grundlos. Ein Pferd kann eine Störung nur zeigen, nicht die Frage nach dem Warum beantworten. Ein Reiter kann und muss auf die Störung angemessen reagieren. Ursachenforschung setzt einerseits viel Einfühlungsvermögen, andererseits einen distanzierten Blick voraus. Enttäuschung, Wut oder Angst machen dagegen befangen und verstellen die Wahrnehmung.

Manchmal genügt eine einzige angemessene Reaktion – zum Beispiel der Einsatz energisch vortreibender Hilfen – damit ein Problem sich in Luft auflöst. In vielen anderen Fällen muss der Reiter eine längerfristige Strategie zur Lösung entwickeln. Wer eine Störung stattdessen überspielt oder mit Gewalt zu überdecken versucht, riskiert ein Dauerproblem, das sich langsam einschleicht und schwer wieder lösen lässt.

Kleine Probleme, große Wirkung – hier verwirft sich das Pferd im Genick. Probleme beim Stellen und Biegen sind die unweigerliche Folge

Probleme beim Pferd – eigene Fehler

Mögliche Ursachen für Widerstände bei Pferden:

- Unverständnis für die gestellte Forderung

- Angst, schlechte Erfahrungen

- Gesundheitsprobleme (Schmerzen wegen akuter und chronischer Erkrankungen)

- Artspezifisches Verhalten (Herdentrieb, Fluchtinstinkt, Rosse)

- Mängel in der Ausrüstung (Passform von Sattel, Trense, Gebiss)

- Nicht artgerechte Haltung (Bewegungsmangel, Verhaltensstörungen, falsche Fütterung, Mängel in der Pflege)

- Ablenkung durch starke Außenreize (starker Wind, andere Pferde, ungewohnte Umgebung)

- Überforderung (mangelndes Bewegungstalent, fehlende Kondition, unsystematischer Trainingsaufbau)

Mögliche Ursachen für das Scheitern reiterlicher Einwirkung:

- Sitzfehler (Mängel in der Grundausbildung)

- Missverständliche Hilfengebung (Fehler in Technik und Koordination)

- Schmerzen (Rückenschmerzen, Steifheit)

- Mangelnde Konzentration (Ablenkung durch andere Probleme)

- Fehlendes Reitergefühl (Orientierung ausschließlich an Technik und leistungssportlichen Kriterien)

- Fehlendes fachliches Know how (Pferdeverhalten, artgerechte Haltung und Umgang, Systematik der Reitlehre)

- Fehlende Selbstkritik (mangelnde Erfahrung, Selbstüberschätzung, falsche Ziele)

Ein Pferd voller Spannung und Widerstand, doch die Reiterin lässt sich nicht aus der Ruhe und aus dem korrekten Sitz bringen: eine Strategie mit guten Erfolgsaussichten

► ## Fühlen, üben, lernen
Lernen, ein Reiterleben lang

In vielen Sportarten erreichen Spitzensportler Wertnoten, die auf der Bewertungsskala nicht oder kaum zu übertreffen sind. Mit anderen Worten: Es gelingt ihnen, das geforderte Ideal zu erreichen. Nicht so beim Reiten – auf der Notenskala von 0 bis 10 hat die 9 schon Seltenheitswert. Die Idealvorstellungen für perfektes Reiten sind unerreichbar hoch – selbst im Spitzensport gibt es keinen Reiter und kein Pferd ohne zumindest minimale Schwächen. Reiter können diese Not allerdings zur Tugend erheben – indem sie ein Reiterleben lang dazulernen. Tatsächlich macht das »lebenslange Lernen« einen großen Reiz des Reitens aus.

Der Kampf gegen die eigenen Schwächen im Sattel prägt den Werdegang jedes guten Reiters. Talent ist hilfreich (und für den Spitzensport unverzichtbar), aber es reicht für den Erfolg nicht aus. Wer nicht beständig an sich, das heißt dem eigenen

Sitz und der eigenen Hilfengebung arbeitet, bleibt nicht auf
seinem Niveau, sondern lässt
unweigerlich nach.

Ursachenforschung

Die eigene Körperwahrneh-
mung, das viel beschworene
reiterliche Gefühl, ist zugleich
der beste und der schlechteste
Ratgeber für jeden Reiter: der
beste, weil nur mit Hilfe des
Körpergefühls das komplizierte Zusammenspiel zwischen
Pferd und Reiter als Ganzes
erfasst werden kann; der
schlechteste, weil Körpergefühl
höchst subjektiv und störungs-
anfällig ist. Erst in der Verbindung mit einer kritischen
Rückmeldung von außen (Blick
in den Spiegel, Videokontrolle,
Ausbilder, theoretische Weiter-
bildung) kann (Körper-)Gefühl mit Köpfchen kombiniert werden.

Wer Fehler beheben will, muss bereit sein, an ihrer Ursache
zu arbeiten und nicht nur an den Symptomen herumzukorrigieren. Das fällt fortgeschrittenen Reitern oft schwer – sie sind
geschickt im Überspielen eigener Schwächen und verrennen sich
gern in Ausbildungsaufgaben für das Pferd. Die Arbeit an den
den eigenen Problemen erfordert immer eine Rückkehr zu den
Grundlagen der Ausbildung: Balance, Rhythmus, Losgelassenheit
und Spannung. Echte Fortschritte erfordern die Bereitschaft, sich
auf neue Erfahrungen einzulassen. Das können für den erfahrenen Reiter beispielsweise Sitzübungen an der Longe sein, für den
Dressurreiter Übungen im leichten Sitz, für den Springreiter
grundlegendes Dressurtraining. Je vielfältiger die Bandbreite der
reiterlichen Erfahrung ist, desto größer ist auch die Auswahl der
möglichen Reaktionen, die dem Reiter in einer schwierigen Situation zu Gebot stehen.

► Störungen in der Balance
Ein Fehler kommt selten allein

Die Liste möglicher Sitzfehler auf dem Pferderücken ist entmutigend lang. Aber betrachtet man Mängel in den Grundforderungen nach Balance, Rhythmus und adäquater Spannung als eigentliche Ursache der Probleme, dann wird deutlich, dass viele Fehler miteinander zusammenhängen. Wer zum Beispiel seinen Oberkörper nicht aufrichten und senkrecht halten kann, muss mit Armen und Beinen für den Erhalt des Gleichgewichts sorgen. Wer Kopf und Schultern hängen lässt, kann seine Handhaltung kaum selbständig kontrollieren; ein runder Rücken zieht in der Regel abgespreizte Ellbogen und verdeckte Fäuste nach sich. Wer hinten- oder vornüberfällt, kommt nicht nur räumlich, sondern auch zeitlich hinter die Bewegung – Fehler in der Balance und im Rhythmus sind immer mit einander verknüpft.

Balanceprobleme gehören zu den Fehlern auf dem Pferd, die am deutlichsten zu erkennen sind. Da sich der Reiter auf dem Pferd in allen drei Dimensionen bewegt, kann er auch in drei Dimensionen die Balance verlieren. In der Vertikalen heißt dies: Der Reiter fliegt entweder nach oben aus dem Sattel, oder er fällt

Im Spaltsitz:
Die Reiterin ist nach vorne aus der Balance geraten

herunter. Beide Probleme entstehen in der Regel durch extreme Reaktionen des Pferdes.

Typisch für den Reitanfänger sind zunächst die Balanceprobleme in der Horizontalen: Zum Beispiel gerät der Oberkörper beim Anreiten, Antraben oder Angaloppieren, also immer wenn das Pferd schneller wird, deutlich hinter die Senkrechte. Gleichzeitig reagieren Arme und Beine unwillkürlich auf den drohenden Verlust der Balance und rutschen nach vorn. Hochgezogene Knie, in der Hoffnung sich so am Sattel festhalten zu können, und in der Folge auch hochgezogene Absätze vervollständigen das Bild des Stuhlsitzes (oben). Zu kurze Bügel begünstigen diese instabile, aber wenigstens noch einigermaßen bequeme Sitzform. Unangenehm für Pferd und Reiter ist der Spaltsitz, in dem der Reiter ständig vor die Senkrechte kommt (Bild). Beim Spaltsitz hat der Reiter meistens zu lange Bügel. Dadurch verliert der Reiter den Kontakt der Gesäßknochen zum Pferd, sitzt nur noch auf dem Spalt und den Oberschenkeln und gerät vor die Bewegung. Im Spaltsitz steht der Reiter fast in den Bügeln und fällt vorne über. Aber solche Sitzfehler gibt es nicht nur im Dressursitz, sondern in allen Sitzformen.

Im Stuhlsitz: Die Reiterin ist nach hinten aus der Balance geraten

Sitzfehler im leichten Sitz: Die Reiterin ist hinter die Bewegung geraten

Seitlicher Balanceverlust

Der Balanceverlust in der Lateralen entsteht durch ein seitliches Einknicken in der Hüfte oder Taille. Diesen Sitzfehler kann man häufig in subtiler Form auch bei fortgeschrittenen Reitern beobachten. Sie versuchen nämlich auf diese Weise, die Fliehkraft in jeder Wendung auszugleichen. Wer in der inneren Hüfte einknickt, hat aber zugleich keine Kontrolle mehr über das äußere Bein; es rutscht vor und der Unterschenkel kann seiner verwahrenden Funktion nicht mehr nachkommen. Korrektes Sitzen auf jeder gebogenen Linie erfordert es dagegen, die Hüfte etwas vorzuschieben, den inneren Gesäßknochen zu belasten und die innere Körperseite zu strecken.

Einknicken in der Hüfte

Wer nach unten schaut, kommt aus dem Gleichgewicht

Besonders störend am Einknicken in der Hüfte oder Taille ist die Tatsache, dass das Gewicht – ganz entgegen der subjektiven Absicht des Reiters – dabei vermehrt nach außen verlagert wird. Und je mehr ein Reiter sich anstrengt – beispielsweise im Galopp – sein Gewicht stabil auf dem Pferderücken zu halten, desto störender wirkt sich der seitliche Balanceverlust aus. Eine korrekte Hilfengebung ist in diesem Moment nicht mehr möglich. Die konträre Gewichtsverlagerung stört aber nicht nur das eigene Bemühen, sich der Pferdebewegung anzupassen, sondern natürlich auch den gesamten Bewegungsablauf des Pferdes.

Einknicken in der Taille

Das Gleichgewicht finden

Alle Störungen in der Balance behindern unweigerlich die Hilfengebung und stören das gemeinsame Gleichgewicht von Pferd und Reiter. Dramatische Störungen in der Balance gefährden sogar die Sicherheit des Reiters. Geringfügige Störungen in der Balance sind dagegen zwar weit verbreitet, werden aber von den Reitern selbst kaum wahrgenommen. Wer lange genug auf eine spezifische Weise unausbalanciert sitzt, spürt selbst den eigenen Sitzfehler nicht mehr. Der erste Weg zur Abhilfe ist es daher, das Problem zu erkennen – zum Beispiel mit Hilfe des Ausbilders, im Spiegel oder in einer Videoaufnahme. Das Reiten mit geschlossenen Augen ohne Bügel intensiviert ebenso die Wahrnehmung der Pferdebewegung und kann helfen, das Gleichgewicht in der jeweiligen Mitte zu finden.

Balance ist Übungssache. Zur Abhilfe von Balanceproblemen ist es sinnvoller, positiv an der Balance zu arbeiten (Übungen siehe Seite 17), als an den Fehlern einzeln herumzukorrigieren. Gelingt es dem Reiter, den Oberkörper stabil in der Pferdebewegung zu halten, verschwinden die begleitenden Probleme mit Armen, Händen, Kopf, Beinen und Füßen in der Regel von selbst. Auch fortgeschrittene Reiter sollten ihren Sitz daher ruhig überprüfen lassen und die Balance üben.

Probleme mit der seitlichen Balance sind im leichten Sitz häufig

▶ Störungen im Rhythmus
Zu langsam oder zu schnell

Nicht ganz so leicht auf den ersten Blick zu erkennen, aber genauso störend wie Balancestörungen sind Probleme mit dem Rhythmus. Besonders häufig und deutlich zu erkennen sind Rhythmusprobleme beim Leichttraben. Das Aufstehen und das Hinsetzen sollen genau im Zweitakt des Trabes erfolgen, also auch jeweils genau gleich lang dauern. Dabei muss der Reiter gegen die Schwerkraft arbeiten: er muss sein Gewicht aus dem Sattel heben und darf es beim nächsten Takt nicht einfach zurück in den Sattel plumpsen lassen. Im Gegenteil: das Hinsetzen ist anstrengender als das Aufstehen. Denn wer die Pferdebewegung, den »Wurf« des Pferdes geschickt ausnutzt, kommt nahezu kraftfrei aus dem Sattel. Beim langsamen Hinsetzen muss dagegen das Gewicht immer über Hüft-, Knie- und Fußgelenke abgefedert werden. Taktprobleme im Leichttraben lassen sich am besten durch Spiele mit dem Rhythmus (siehe Seite 20) beheben. Wer die Folge »Sitz-Sitz-Auf«, mit anderen Worten einen beständigen Fußwechsel, im Trab beherrscht, kann sich seines Taktgefühls – zumindest auf dem Pferderücken – sicher sein.

Fehler im Rhythmus sind immer auch Fehler in der Balance: Dieser Reiter steht zu hoch auf und kommt dadurch leicht hinter die Bewegung

Fehler im Rhythmus stören auch den Rhythmus des Pferdes: Der Reiter ist hinter die Pferdebewegung geraten, das Pferd hält sich fest und kann mit den Hinterbeinen nicht mehr unter den Schwerpunkt treten

Im Rhythmus schwingen

Einer der häufigsten Gründe für Reiterprobleme mit dem Rhythmus wird oft verkannt: die Schwingungen von Pferderücken und Reiterrücken passen nicht zusammen. Das wird ganz besonders beim Aussitzen im Trab deutlich. Jeder Körper hat nicht nur eine Eigenfrequenz, in der er am besten schwingt, sondern auch einen Frequenzbereich, in dem er gar nicht mehr schwingen kann. Ein Pferderücken kann einen Reiterrücken regelrecht ausbremsen – und umgekehrt. Dabei muss nicht immer Überforderung durch eine zu große Pferdebewegung der Grund sein – auch Unterforderung durch zu wenig Bewegung kann gemeinsames rhythmisches Schwingen verhindern.

Eng verknüpft ist das Schwingen im Rhythmus mit der Losgelassenheit. Wenn Reiter und/oder Pferd sich verkrampfen (Angst, Muskelschwäche, unsystematischer Trainingsaufbau, zu hohe Anforderungen), ist keine gemeinsame rhythmische Bewegung möglich.

Im Galopp mit seiner komplizierten Fußfolge (siehe Seite 23) ist der Verlust des klaren Dreitaktes (zugunsten eines Viertaktes) eine besonders häufige Rhythmusstörung. Hier kann der Reiter erst lernen, im Rhythmus zu sitzen, wenn der Takt des Pferdes gefestigt ist.

Zu wenig Körperspannung: Der Sitz wird schlabbrig und wenig hilfreich für das Pferd

▶ Störungen in Losgelassenheit und Spannung
Steif sein hat viele Ursachen

Mitgehen mit der Pferdebewegung stellt Höchstanforderungen an die Koordination der Muskelanspannung und –entspannung. All diese Muskelarbeit soll sich nicht nur dem Rhythmus der Pferdebewegung anpassen, sondern einen Dialog mit dem Pferd führen: Jede Beeinflussung von Richtung, Gangart, Tempo oder Haltung des Pferdes erfordert fein abgestimmte Muskelarbeit des Reiters.

Der Sitz soll insgesamt wie eine Feder funktionieren – aber fast jeder Reiter kennt das Gefühl von Steifheit im ganzen Körper oder in einer bestimmten Körperpartie. Steifheit kann viele Ursachen haben; manche davon sind Mitgift der Natur, wie die Grundspannung der Muskulatur und der Bewegungsspielraum von Gelenken. Steifheit überdeckt immer eine Schwäche! Äußere Einflüsse können steif machen, zum Beispiel Müdigkeit, Angst, Stress, Schmerzen oder Kälte.

Besonders störend für den Sitz wirkt sich ein steifes Hüftgelenk aus, weil es die zentrale Stelle für die Vermittlung der Bewegung zwischen Pferd und Reiter darstellt. Aber selbst wenn die steife Körperpartie lokalisiert werden kann, nützt das Kommando »Locker lassen!« in der Regel nichts. In den meisten Fällen macht sich gerade die Muskulatur steif, die sich mit dem eigenen Willen nicht beeinflussen lässt.

Ein Wundermittel gegen Steifheit gibt es leider nicht. Allerdings gilt ein Grundsatz für alle Muskulatur: Sie muss gedehnt werden, bevor sie kraftvoll arbeiten kann. In den allermeisten Sportarten gehören daher Dehnübungen zum Aufwärmprogramm. Im Reitsport gibt es kein institutionalisiertes Aufwärmen – die Lösungsphase für das Pferd muss auch beim Reiter für das Lösen der Muskulatur herhalten. Zum Glück bietet das Leichttraben eine ideale Dehnübung für die Hüftgelenke.

Schlabbrig ist nicht losgelassen

Genauso störend wie ein steifer Sitz wirkt sich ein schlabbriger Sitz aus. Eine zu niedrige Muskelspannung kann ebenfalls viele verschiedene Ursachen haben. Ein angeborener niedriger Muskeltonus, Müdigkeit, mangelndes Training oder eine generelle Schwäche in der Muskulatur wie zum Beispiel nach Krankheiten oder Wachstumsschüben begünstigen den losen Sitz.

Wie auch beim Steifsein kommen mentale Ursachen infrage – zum Beispiel mangelnde Fähigkeit oder Bereitschaft zur Konzentration. Manchen Reitern spielt auch das eigene Körpergefühl einen Streich: Sie fühlen sich nur dann auf dem Pferderücken wohl, wenn sie sich vom Pferd gemütlich spazierentragen lassen. Freilich fühlt sich ein Pferd von einem solchen Reiter sozusagen im Stich gelassen – die Balance zwischen der eigenen Losgelassenheit und Spannung findet es nur, wenn es vom Reiter dabei adäquat unterstützt wird. Arbeit an der eigenen Muskelspannung ist immer auch ein Arbeiten am eigenen Körpergefühl.

Die eigene Körperspannung braucht jeder Reiter - auch im Gelände. Gerade das Schrittreiten auf langen Strecken (Wanderreiten) oder das Traben oder Galoppieren im Entlastungssitz (Distanzreiten) ist sehr anstrengend für den Reiter. Verweigert er diese Anstrengung, ob aus Unwissenheit oder mangels Kondition, ist die Belastung für das Pferd höher.

Spannungsaufbau in der Muskulatur funktioniert nur behutsam und mit Entspannungspausen, soll die Schlabbrigkeit nicht unmittelbar in Verkrampfung und damit in Steifheit umschlagen. Die Lösungsphase zu Beginn des Reitens erfüllt erst dann ihren vollen Zweck, wenn sie als Lösungsprogramm zum Aufbau einer adäquaten Muskelspannung für beide, Reiter und Pferd, funktioniert.

Zu wenig Beweglichkeit: Der Sitz wird steif und störend für das Pferd

► ## Störungen in Koordination und Technik
Hartnäckige Angewohnheiten

Im komplizierten Zusammenspiel aller Muskeln, das beim Reiten gefordert ist, bieten sich zahllose Fehlerquellen geradezu an. Reitanfänger müssen zu ihrem Leidwesen erleben, dass sie nicht selten offensichtlich alles falsch machen. Aber die gegenteilige Erfahrung greift auch: In Momenten, in den Reiter und Pferd eine harmonische Übereinstimmung finden, rutschen Oberkörper, Arme und Beine wie von selbst an den richtigen Platz. Ein gut ausgebildetes, kooperatives Lehrpferd schult den korrekten Sitz besser als ein Ausbilder, der möglichst viel Sitzfehler in möglichst kurzer Zeit anmahnt. Solchen ermutigenden Erfahrungen im Sattel stehen allerdings hartnäckige falsche Angewohnheiten entgegen.

Zeigt her eure Hände...

Als handorientierte Lebewesen versuchen Reiter allzu oft, Aufgabenstellungen und Probleme vorrangig mit den Händen zu lösen. Daher sind die Zügelfäuste besonders anfällig für hartnäckige Fehler (eine kleine Auswahl ist auf den Fotos unten zu sehen). Jeder kleine Fehler in der Handhaltung beeinträchtigt die Einwirkung in hohem Maße. So wird ein Handgelenk, das zu weit nach innen oder außen, oben oder unten abgeknickt ist, sofort steif.

Besonders verhängnisvoll sind offene Finger, weil sie das Gegenteil von dem bewirken, was der Reiter bezweckt. Die vermeintlich besonders weiche Verbindung zum Pferdemaul verlockt stattdessen ein Pferd dazu, dem Reiter die Zügel aus der Hand zu ziehen. Es kann keine sichere Anlehnung finden und wehrt sich zumeist noch gegen den zu langen, harten Zügel. Selbst die Forderung nach dem gekrümmten, »dachförmigen« Daumen

Typischer Handfehler : Verdeckte Fäuste ziehen Fehler in der Oberkörperhaltung nach sich

ist kein kleinliches Detail. Der Selbstversuch beweist, dass sich das Handgelenk nur bei angewinkeltem Daumen locker bewegen lässt. Wird er dagegen flach gegen den Zeigefinger gepresst, stellt er zugleich das Handgelenk fest.

Viele Reiter versuchen, sich besonders gut zu konzentrieren und störende Außenwahrnehmung abzuschalten. Da die Handhaltung so wichtig ist, behalten sie ihre eigenen Hände stets im Blick. Wer allerdings stets nach unten schaut, wird sich nie genügend aufrichten können. Reiter mit hängenden Köpfen bringen kaum die nötige Körperspannung auf, die etwa für das Reiten in Versammlung Voraussetzung ist.

Aufrechte Zügelfäuste mit geschlossenen Fingern

Heruntergedrückte Hände wirken hart:
So lässt sich Anlehnung nicht erzwingen

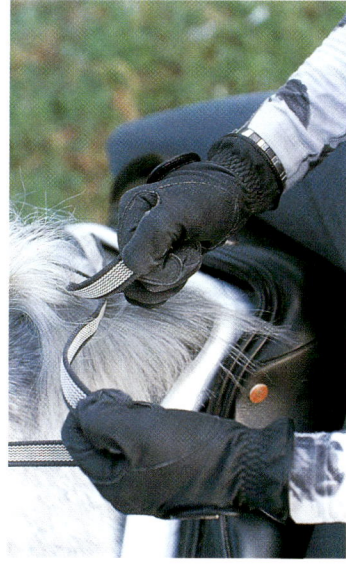

Eine Hand kreuzt den Mähnenkamm:
Die Zügeleinwirkung wird verfälscht

Fehler einfach abstellen?

Gerade offensichtliche Fehler in der Haltung von Händen oder Füßen (»Absätze tief!«) werden von Ausbildern sofort gesehen und häufig angemahnt. Dabei kann ein Außenstehender oft genug beobachten, wie Kopf, Hand oder Fuß nach einem Korrekturversuch des Reiters innerhalb kürzester Zeit wieder in die gewohnte fehlerhafte Position zurückrutschen. Gerade die störenden Angewohnheiten bieten reichlich Stoff für Frust zwischen Reitlehrer (der mangelnden guten Willen unterstellt) und Reitschüler (der sich immer mehr bemüht und immer hilfloser wird).

Der Blick täuscht: Hier sind nicht die Bügel ungleich, sondern die Reiterin sitzt schief

Jede noch so wenig praktikable, fehlerhafte Körperhaltung und Hilfengebung fühlt sich für den betroffenen Reiter mit der Zeit »normal« an. Um aus diesem vertrauten Bewegungsmuster herauszufinden, muss er erst einmal in Ruhe sein Körpergefühl umpolen. Das ist eine schwierige Aufgabe, die nur in einer stressfreien Situation gelingen kann. Einen Fehler abzustellen ist sehr viel schwieriger, als etwas Neues zu lernen!

Jeder, der mit einem hartnäckigen Sitzfehler kämpft, wünscht sich mit gutem Grund zurück in die Anfangsgründe der Ausbildung – dahin, wo die Weichen falsch gestellt wurden. Denn Probleme mit dem Sitz entstehen überwiegend in der Grundausbildung, wenn der Sitzschulung nicht genügend Zeit eingeräumt wird. Wo sich vorrangig auf das Erreichen anderer Ziele, zum Beispiel das Erlernen bestimmter Lektionen, konzentriert wird, bleibt der korrekte Sitz leicht auf der Strecke. – An der weltberühmten Wiener Hofreitschule zum Beispiel werden daher nur Reiter ohne jede Vorerfahrung im Sattel in die Ausbildung aufgenommen.

Ein typischer Fehler in der Technik der Hilfengebung: Beim Angaloppieren wird der äußere Schenkel hochgezogen

Wieder neu lernen

Um einen Fehler abzustellen, muss ein Reitschüler sich ganz besonders gut darauf konzentrieren können. Emotionale Belastung – zum Beispiel vor dem Versagen in den Augen des Ausbilders –, Konzentration auf andere Aufgaben – zum Beispiel auf eine schwierig auszuführende Lektion – , oder Angst – zum Beispiel vor einem widersetzlichen Pferd – lenken von dieser Konzentration ab. Wer unter hohem Stress steht, verfällt automatisch in gewohnte Bewegungsmuster. Angst macht schließlich starr bis zur völligen Verkrampfung. Wer Angst hat, spannt unwillkürlich bestimmte Körperpartien an (zum Beispiel die sogenannten »Klemmer« an der Innenseite der Oberschenkel) und krümmt sich im Extremfall in einer Schutzhaltung zusammen. Ablenkung, Stress und Angst behindern die Fähigkeit, zu lernen.

Wer eine Bewegung neu lernen will, braucht ein genaues inneres Bild von dieser Bewegung; er muss wissen, wie sich die richtige Körperhaltung und Bewegung anfühlt. Hilfreicher als beständige Korrekturen ist daher eine intensive Erfahrung des korrekten Bewegungsmusters – zum Beispiel auf einem gut ausgebildeten Pferd.

Gerade bei fortgeschrittenen Reitern gibt es auch innere Widerstände gegen die Korrektur hartnäckiger Fehler. Denn sie haben manchmal langjährige Erfahrung darin, auch mit unkorrekten Hilfen genügend Kontrolle über ein Pferd gewinnen zu können. Vermehrter Krafteinsatz ersetzt dabei fehlende Koordination der Muskelarbeit. Gerade für einen geschickten, erfahrenen Reiter kostet es viel Selbstkritik, einzusehen, dass ein hartnäckiger Fehler die eigenen Fähigkeiten im Sattel trotzdem entscheidend begrenzt.

Neue Bewegungsmuster anstelle der altgewohnten einzuschleifen, fordert viel Übung. Zunächst fühlt sich nämlich die richtige Körperhaltung ungewohnt und subjektiv »falsch« an – sie beeinträchtigt die Fähigkeit, sozusagen automatisch mit der Pferdebewegung mitzugehen. Fehlerkorrektur heißt deswegen immer: zurück zu den Grundlagen, zurück zu den Übungen für Balance, Rhythmus und angepasste Körperspannung.

Ein typischer Fehler in der Koordination der Hilfen: Der äußere Zügel »klemmt« in der Wendung

Gefühl vor Technik

Die Idealvorstellung vom guten Reiten wird nicht nur im Spitzensport erreicht. Gutes Reiten bedeutet die harmonische, konfliktfreie Verständigung des Reiters mit dem Pferd – unabhängig von Leistungsstand und Disziplin. Gutes Reiten fühlt sich für beide Teile, Reiter und Pferd, auch immer gut an. Jede harmonische Bewegung erfordert Balance, Rhythmus und eine angepasste Muskelspannung – wird gegen diese Grundlagen verstoßen, kann eine Bewegung weder völlig selbstverständlich gelingen noch natürlich aussehen.

Selbstverständlich muss ein Reiter im Verlauf seiner Ausbildung die Technik der Hilfengebung für Lektionen mit wachsendem Schwierigkeitsgrad erlernen. Allerdings lässt sich gutes Reiten nicht an der Anzahl der Lektionen ablesen, die ein Reiter sozusagen per Knopfdruck abrufen kann. Viel wichtiger ist es, eine Lektion – mit der entsprechenden Vorbereitung – in ganz unterschiedlichen Reitsituationen und auf verschiedenen Pferden ausführen zu können. Gutes Reiten setzt voraus, dass reiterliches Gefühl und technisches Können den gleichen Ausbildungsstand erreichen.

Wenn es »wie von selbst« klappen soll…

▶ Reiten in den Grundgangarten

Sitzen im Schritt

Obenbleiben im Schritt ist leicht – richtig sitzen dagegen schwer. Im Schritt mit seiner komplizierten Fußfolge (siehe Seite 23) sind der Takt der Pferdebewegung und der Rhythmus der Reiterbewegung am meisten gefährdet. Schritt ist eine Gangart ohne Schwebephase; deswegen hat der Reiter viel weniger Möglichkeiten, auf den Raumgriff und die Dynamik des Schrittes Einfluss zu nehmen. Schritt reiten ist harte Konzentrationsarbeit!

Der Schritt überträgt einen dreidimensionalen Bewegungsimpuls auf den Rumpf des Reiters. Nichts davon sollte im Sitz zu sehen sein: der »stabile« Oberkörper balanciert diese Bewegung in allen drei Dimensionen fast unsichtbar aus. Jedes aktive »Mitgehen«, »Vorschieben« oder ähnliche Anweisungen im Unterricht provozieren leicht Missverständnisse und bewirken einen schaukelnden Oberkörper.

Weil Pferde im Schritt die größte Nickbewegung mit Kopf und Hals machen, muss der Reiter seine Ellbogengelenke und Unterarme entspannt halten. Nur so kann eine gleichmäßige Verbindung zum Pferdemaul gelingen. Im Schritt treiben beide Unterschenkel abwechselnd am Gurt – und zwar jeweils, wenn der Hinterhuf auf der gleichen Seite abfußt. Gleichzeitig schwingt auch der Rumpf des Pferdes zur entsprechenden Seite: Der Rhythmus des Treibens ergibt sich fast von selbst. Im Zweifelsfall hilft es, die Augen zu schließen, um die Pferdebewegung besser zu spüren.

Sitzen im Trab

Aussitzen im Trab kann die selbstverständlichste Sache der Welt sein – oder eine fast unlösbare Aufgabe. Mogeln oder Überspielen ist unmöglich: entweder schwingen Pferderücken und Reiterrücken im gleichen Takt, oder einer von beiden Rücken (in der Folge auch der andere) halten sich fest. Auf einem Pferderücken, der nicht schwingt, kann kein Reiter aussitzen – zumindest nicht, ohne seine Wirbelsäule über Gebühr zu stauchen. Leichttraben ist in einem solchen Fall keine Schande, sondern ein Gebot der Vernunft. Wenn ein Reiter ein Pferd auf die Dauer nicht gut aussitzen kann, sollte er selbstkritisch nach der Ursache forschen. Im übrigen gilt: Nicht jeder Reiterrücken kann jede Trabbewegung mitmachen; nicht jeder Reiter »passt« auf jedes Pferd!

Auch der Trab vermittelt einen dreidimensionalen Bewegungsimpuls auf den Körper des Reiters. Allerdings filtert der Sattel die Rechts-links-Bewegung des Pferderückens weitgehend weg. Traben ohne Sattel ist der beste Nachhilfeunterricht für das Reitergefühl! Je nachdem, welcher Hinterhuf abfußt, wölbt sich eine

Sitzen im Schritt ist Konzentrationsarbeit (links und Mitte). Aussitzen im Trab kann nur selbstverständlich aussehen, wenn ein Pferd sich nicht im Rücken festhält (rechts)

Rückwärtsrichten in drei Phasen – deutlich ist die zunehmende Beugung in den großen Gelenken der Hinterhand des Pferdes zu sehen.
Rückwärtsrichten gehört zu den versammelnden Lektionen

Seite des Pferderückens mehr auf als die andere. Diese Bewegung – neben der schwingenden Vorwärtsbewegung – muss ein Reiter zulassen, wenn der den Pferderücken nicht durch seinen Sitz blockieren will. Beide Unterschenkel geben im Zweitakt der Trabbewegung gleichzeitig und gleichmäßig vorwärtstreibende Impulse.

Sonderfall Rückwärtsrichten

Pferde verfügen über (mindestens) drei Vorwärtsgangarten und eine Rückwärts-Gangart. Das Rückwärtsrichten, wie es in der Dressurausbildung vom Pferd gefordert wird, ist kein Rückwärts-Schritt, sondern eine taktmäßige Bewegung mit eigener Fußfolge. Dabei bewegt das Pferd wie im Trab das jeweils diagonale Beinpaar gleichzeitig, allerdings ohne den Moment der freien Schwebe. Generell können alle Pferde rückwärts gehen – sie tun es nur manchmal nicht gern. Jungen Pferden fällt es schwer, den Rücken so aufzuwölben, dass sie das Reitergewicht dabei mühelos tragen können; selbstbewusste Pferde meiden jedes Zurückweichen als Zeichen von Unterwerfung. Zur Vermeidung von Konflikten ist es sinnvoll, das Rückwärtsrichten ohne Reiter an der Hand zu üben.

Das Rückwärtsrichen beginnt mit einem Vorwärtsimpuls – mit den gleichen Hilfen wie zum Anreiten (siehe Seite 94): beide Gesäßknochen belasten, mit beiden Unterschenkeln vorwärts treiben. Sobald das Pferd antreten will, muss der Reiter durch leicht annehmende (bei durchlässigen Pferden genügen in der Regel

durchhaltende) Zügelhilfen die Rückwärtsbewegung einleiten. Dabei werden beide Unterschenkel verwahrend leicht zurückgenommen. Nachgeben, sobald das Pferd rückwärts tritt! Eine leichte Entlastung des Pferderückens erleichtert jungen Pferden die anstrengende Bewegung.

Sitzen im Galopp

Galopp ist die Gangart, in der das Pferd am meisten Dynamik und Kraft entwickelt. Daher haben Reitanfänger oft Angst vor dem Galoppieren. Verstärkt wird diese Angst durch das Gefühl von drohendem Balanceverlust, das sich im Galopp am ehesten einstellt. Der Galopp ist im Gegensatz zu Schritt und Trab keine symmetrische Bewegung – es gibt den (spiegelverkehrten) Rechts- oder Linksgalopp. Nicht nur das Pferd bewegt sich asymmetrisch, auch der Reiter muss asymmetrisch sitzen. Im jeweiligen Handgalopp (auf der rechten Hand Rechtsgalopp) können Pferde sich besser ausbalancieren, vor allem in einer Wendung. Der Galopp bringt diese Tendenz zur Wendung schon mit – daher ist das Sitzen im Galopp dem Reiten auf gebogenen Linien ähnlich: Gewicht vermehrt auf den inneren Gesäßknochen, innerer Schenkel wirkt vorwärtstreibend, der äußere Schenkel verwahrend. Der innere Zügel muss in der Schwebephase jedem Galoppsprung des Pferdes durch Nachgeben Spielraum bieten.

Die deutliche Schwebephase, in der sich kein Bein am Boden befindet, hat dem Galoppsprung seinen Namen gegeben

► Die Übergänge
Übergänge bürgen für Qualität

Übergänge bezeichnen in der Reitlehre zwei unterschiedliche, aber miteinander verwandte Bewegungsformen: einerseits den Wechsel von einer Gangart zur anderen, andererseits den Wechsel von einem Tempo innerhalb einer Gangart zum anderen. In allen Übergängen von einer Gangart zur anderen wird eine flüssige Bewegung bei klarer Fußfolge des Pferdes und sicherer Balance gewünscht – das kann nur gelingen, wenn ein Pferd in den Übergängen sein Gewicht vermehrt auf die Hinterbeine verlagert. Bei den »down transitions« (Übergänge in niedrigere Gangarten oder Tempi) sieht man auf den ersten Blick, ob ein Pferd mit den Hinterbeinen Last aufnimmt. Andernfalls kann es nur abbremsen, indem es sich mit den Vorderbeinen gegen die Bewegung stemmt. Ein solcher Übergang landet unweigerlich »auf der Vorhand« und sieht immer abrupt und stockend aus.

Auch bei den Übergängen in höhere Gangarten und Tempi muss das Pferd vermehrt mit den Hinterbeinen untertreten; andernfalls verliert es an Spannung und droht, wie es in der Fachsprache anschaulich heißt, »auseinanderzufallen«. Daher gelten die Übergänge als Visitenkarte für den Ausbildungsstand eines Pferdes, sozusagen als Indikator für die Durchlässigkeit gegenüber den Reiterhilfen.

Der großen Bedeutung der Übergänge für die Ausbildung von Pferd und Reiter wird durch eine Aufwertung im Turniersport Rechnung getragen: seit dem Jahr 2000 gibt es in Dressuraufga-

Spielen mit dem Tempo – deutlich ist die Verkürzung im Raumgriff (Bild rechts) zu sehen.
Verkürzen oder Verlängern der Trabbewegung setzt ein schwungvolles Grundtempo voraus (Bild links)

ben im Aufgabenheft der FN für Übergänge eigene Punktwertungen. Aber auch außerhalb des Dressursports bilden die Übergänge den Prüfstein für die Kontrolle über das Pferd – sei es im Parcours, wo die Wahl des richtigen Tempos Ausschlag gebend ist für den Erfolg, oder im Gelände, wo die Sicherheit von Pferd und Reiter entscheidend davon abhängt.

Gangarten und Tempi

Für alle Gangarten gilt: das mittlere Tempo (z. B. Mitteltrab) liegt in Sachen Schub und Raumgriff auf halber Strecke zwischen dem versammelten Tempo und dem starken Tempo.

▶ **SCHRITT:**
Ausgangstempo: Mittelschritt (!)
(Der Begriff »Arbeitsschritt« existiert nicht)
Verkürztes Tempo: versammelter Schritt
Schritt auf der Stelle: Schritt-Pirouette
Verstärktes Tempo: starker Schritt

▶ **TRAB:**
Ausgangstempo: Arbeitstrab
Verkürztes Tempo: versammelter Trab

Verkürztes Tempo mit verlängerter Schwebephase: Passage
Trab auf der Stelle: Piaffe
Verstärkte Tempi: Mitteltrab, starker Trab

▶ **GALOPP:**
Ausgangstempo: Arbeitsgalopp
Verkürztes Tempo: versammelter Galopp
Galopp auf der Stelle: Galopp-Pirouette
Verstärkte Tempi: Mittelgalopp, starker Galopp

Spielen mit dem Tempo – der Motor des Pferdes sitzt in den Hinterbeinen. Verstärkungen können nur allmählich und mit aktiver Hinterhand erarbeitet werden

Die Hilfen zum Anreiten und Antraben

Zum Anreiten im Schritt aus dem Halten werden – bei vorwärtstreibender Gewichtshilfe – beide Unterschenkel gleichzeitig am Gurt mit leichtem Druck angelegt. Wichtig ist die Erhöhung der eigenen Körper-Grundspannung, die dem Pferd signalisiert: Es geht los! Die Zügel geben in dem Augenblick nach, in dem das Pferd sich in Bewegung setzt – und nicht vorher. Im Schritt wird mit beiden Unterschenkeln wechselseitig getrieben.

Die Hilfen zum Antraben aus dem Halten und aus dem Schritt gleichen denen zum Anreiten – mit einem wichtigen Unterschied: die Zügel müssen vorher auf das richtige Maß gebracht werden. Weil das Pferd für den Trab mehr Körperspannung braucht, trägt es Kopf und Hals grundsätzlich etwas höher als im Schritt – und die Zügel müssen bei gleich bleibender Verbindung zum Pferdemaul leicht nachgefasst (verkürzt) werden. Dadurch soll nicht mehr Druck auf das Pferdemaul ausgeübt werden – deswegen stehen die Hände im Moment des Antrabens etwas weiter vorn. Dabei muss der Reiter mit seinem Körper sozusagen zu den Händen hin reiten wollen – denn im Trab sind die Arme in natürlicher Haltung etwas mehr

Ein gelungener Übergang – Zulegen zum Mittelgalopp. Der Reiterin wünscht man noch mehr Spannung im Oberkörper

gewinkelt als im Schritt. – Das Nachfassen der Zügel vor dem Antraben ist ein Muss bei jungen Pferden; es kann erst bei weit ausgebildeten Pferden entfallen, die bereits Tempounterschiede im Schritt beherrschen. Diese werden erst ab der Dressurklasse M verlangt und gelten als besonders schwierig; daher zählen sie bei der Bewertung von Dressuraufgaben nach Punkten doppelt.

Ein misslungener Übergang – Durchparieren vom Galopp zum Trab. Die Reiterin muss sich leicht zurücklegen, um nicht vornüber zu fallen

Die Hilfen zum Angaloppieren

Das Angaloppieren erfolgt grundsätzlich im Handgalopp, auf der rechten Hand im Rechtsgalopp und umgekehrt. (Das Reiten im Außengalopp stellt erhöhte Anforderungen an Reiter und Pferd – siehe Seite 109). Der Übergang zum Galopp ist gekennzeichnet durch die einseitige Gewichtsverlagerung – der innere Gesäßknochen bewegt sich vorwärts-abwärts. Dadurch wird eine leichte Schrägstellung des Beckens im Sattel erreicht – die innere Hüfte (zu tasten etwa am oberen vorstehenden Ende des Beckenknochens, dem Beckenkamm) liegt weiter vorn. Das leichte Zurücklegen des äußeren Beines aus der Hüfte als verwahrende Schenkelhilfe ergibt sich dabei fast von selbst. Bevor das Pferd mit dem vortreibenden inneren Schenkel zum Anspringen in den Galopp angeregt wird, muss es deutlich nach innen gestellt werden – der innere Zügel fordert die Stellung, der äußere verwahrt (siehe Seite 103). Springt das Pferd im Galopp an, muss der innere Zügel dem Vorgreifen des inneren Vorderbeines Raum gewähren, das heißt in jeder Schwebephase genügend Luft geben. Jede Einwirkung im Galopp zum Erhalt oder zur Veränderung des Tempos ist eine Variation der Hilfengebung zum Angaloppieren. Wichtig für das Reitergefühl ist die Tatsache, dass der Galoppsprung nicht mit der Schwebephase, sondern sozusagen mit der Landephase beginnt; das Pferd muss sich erst abdrücken, bevor es sich in den Galopp heben kann.

Durchparieren

Mit dem Begriff »Durchparieren« ist das Zurückführen in eine niedrigere Gangart gemeint – vom Galopp zum Tab oder Schritt, vom Tab in den Schritt. Das Durchparieren zum Halten – aus jeder Gangart – nennt man in der Fachsprache eine ganze Parade (siehe Seite 114). Übergänge im Tempo innerhalb einer Gangart oder von einer Gangart zur anderen gelingen mit Hilfe der halben Paraden (siehe Seite 110).

Die Steigerung von Gangart und Tempo ist meist einfacher zu erreichen als das Zurückführen. Die meisten Pferde bewegen sich freiwillig und gern vorwärts – Ausnahmen beruhen weniger auf ihrem Naturell als auf einer nicht fachgerechten Ausbildung. Beim Durchparieren drohen die ersten Konflikte mit dem jungen Pferd, das seine inneren Spannungen viel lieber und besser im Vorwärts löst als etwa im gemächlichen Schritt. Durchparieren gelingt nicht ohne annehmende und durchhaltende Zügelhilfen. Die Reaktion darauf ist zugleich ein Test für die innere Bereitschaft eines Pferdes, sich den Forderungen des Reiters zu fügen – selbst wenn sie eigenen Vorlieben zuwiderlaufen.

Der einfache Galoppwechsel bezeichnet eine typische Lektion für den Handwechsel im Galopp. Die Reiterin kommt im Linksgalopp auf dem Zirkel bis kurz vor den Mittelpunkt (links), pariert durch und zeigt drei bis fünf klare Schritte (Mitte), bevor sie erneut – jetzt rechts – angaloppiert (rechts)

Geschmeidige Übergänge

Für das Reiten von flüssigen Übergängen ist die Technik entscheidend, die gewünschte Bewegung im eigenen Körper minimal vorwegzunehmen. Ein Selbstversuch zeigt schnell, dass ein Pferd in den Trab fällt, wenn man im Galopp plötzlich beginnt, im klaren Zweitakt leichtzutraben. Pferde passen sich einer Veränderung im Rhythmus der Reiterbewegung leicht an, weil es ihnen unangenehm ist, sich gegen den Takt des Reiters wehren zu müssen. Die instinktive Änderung des eigenen Bewegungsrhythmus und der dazugehörigen passenden Körperspannung ist das Geheimnis gelungener Übergänge.

Weil jeder Übergang mit vermehrter Aktivität der Hinterhand verbunden sein soll, muss das Pferd bereits vor dem Bewegungsübergang mit den Hinterbeinen »parat« sein – ebenso muss die Stellung stimmen, wenn die Zügelhilfen richtig beim Pferd ankommen sollen. Jeder Übergang gelingt nur so gut wie die Gangart vorher: Wenn ein Pferd im Galopp nicht durchspringt, das heißt mit den Hinterbeinen nicht genügend unter die eigene Körpermitte vorgreift, wird die Parade zum Trab stockend ausfallen und die Parade zum Schritt mit klarer Fußfolge erst gar nicht gelingen.

Selbst wenn ein Pferd keine guten Übergänge zeigt, muss der Gehorsam sichergestellt sein – das heißt, jedes Pferd (und nicht nur im Dressurviereck) muss sich die Gangart vom Reiter vorschreiben lassen. Allerdings darf keine Parade rückwärts geritten, das heißt durch Ziehen am Zügel erzwungen werden. Auch auf weniger durchlässigen Pferden muss beim Durchparieren das Nachgeben im Vordergrund stehen, sobald das Pferd die Bereitschaft erkennen lässt, das Gangmaß oder die Gangart zu ändern. Ein wenig auf die Hinterhand gesetzter, auslaufender Übergang ist gegenüber einem abrupten Stopp auf der Vorhand das kleinere Übel.

▶ Stellen und Biegen
Auf gebogener Linie

Damit ein Pferd sich harmonisch und ausbalanciert bewegt, muss es sich in seiner ganzen Länge – also mit dem Rumpf – der Bewegung anpassen. Auf gerader Linie soll ein Pferd auch gleichmäßig geradeaus gehen. Auf einer gebogenen Linie soll sich der Rumpf des Pferdes ebenfalls gleichmäßig biegen.

Diese Forderung ist – unabhängig von der Ausbildung des Pferdes und den Fertigkeiten des Reiters – nur mit Einschränkungen zu erreichen. Die Wirbelsäule des Pferdes lässt sich nämlich nicht gleichmäßig so nach der Seite biegen, dass der gesamte Rumpf die Form eines

leichten Bogens annimmt. Generell lassen sich aber nur die Wirbel im vorderen Teil der Wirbelsäule verschieben und dadurch eine seitliche Krümmung der Wirbelsäule erreichen. Am beweglichsten sind die Halswirbel – sie erlauben es dem Pferd, den Kopf frei in beide Richtungen zu bewegen. Ein Pferd könn-

te, wenn es wollte, den Reiter problemlos ins Bein beißen...

Die Beweglichkeit des Pferdehalses verleitet beim Reiten zur weit verbreiteten Tendenz, den Kopf und den Hals des Pferdes zu weit seitlich abzustellen. Das wirkt sich in jedem Fall sehr ungünstig auf die Balance aus: Ein Pferd, das sich ohne Reiter natürlich bewegt, benutzt Kopf und Hals als Balancierstange. Wird das Pferd durch einseitige Fixierung von Kopf und Hals daran hindert, sein Gleichgewicht zu finden, ist sein gesamter Bewegungsablauf beeinträchtigt.

Gerade, gebogen, schief

Im Bereich der Brustwirbel können Pferde sich seitlich biegen, im Bereich der (verknöcherten) Lendenwirbel nicht. Es ist also gerade der Bereich der Sattellage, der für die seitliche Biegung den Ausschlag gibt.

Diese Tatsache erklärt, warum die korrekte Gewichtsverlagerung des Reiters für das Reiten auf gebogenen Linien so wichtig ist: Wenn die Brustwirbelsäule sich seitlich biegt, schiebt sich die Muskulatur auf der Innenseite zusammen, die Muskulatur auf der Außenseite muss sich in die Länge dehnen. Diese Muskelarbeit ist besonders anstrengend und darf vom Reiter nicht behindert werden. Er verlagert sein Gewicht auf jeder gebogenen Linie nach innen – frei nach dem Motto: Je mehr Biegung, desto mehr Gewichtsverlagerung. Der innere Schenkel fordert gleichzeitig die seitliche Biegung: Das Pferd soll sich in der Fachsprache »um den inneren Schenkel« biegen. Dies Prinzip gilt nicht nur für das Reiten von Hufschlagfiguren im Dressurviereck, sondern auch beim Reiten von Wendungen im Parcours oder im Gelände.

Die seitliche Biegung im Bereich der Brustwirbelsäule bzw. der Rippen gibt auch das Maß für die Biegung im Hals vor: Setzt sie sich vor dem Widerrist harmonisch nach vorne fort, dann ist die seitliche Balance des Pferdes nicht gestört.

Natürliche Schiefe

Ob ein Pferd sich geraden oder gebogenen Linien anpasst, kann man am besten direkt von hinten beobachten. Dabei wird schnell deutlich, dass Pferde sich nach einer Seite leichter biegen können, sie haben – ganz wie wir Menschen – eine bevorzugte »Hand«. Die angeborene »natürliche Schiefe« hat zur Folge, dass ein Pferd bereits auf gerader Linie meist mit dem rechten Hinterbein etwas weiter nach rechts tritt als die Spur des rechten Vorderbeins. Die Schiefe zur anderen Seite (das Pferd weicht links hinten aus) kommt seltener vor. In jeder Biegung nach seiner steiferen Seite weicht das schiefe Pferd der nötigen vermehrten Aufnahme des eigenen Körpergewichts mit dem inneren Hinterbein aus. Hier greift das Geraderichten (ab Seite 116).

Jedes Abwenden auf eine gebogene Linie ist ein Balanceakt für Reiter und Pferd, bei dem innere und äußere Reiterhilfen minutiös zusammenwirken müssen. Vermehrte Biegung kann nicht erzwungen, sondern nur nach und nach erreicht werden (von oben nach unten)

Gerade ist nicht selbstverständlich

Verstärkt wird das Problem der »natürlichen Schiefe« durch die Tatsache, dass die Hinterhand der Vorhand schon aus anatomischen Gründen nicht zentimetergenau folgen kann, weil die Hinterbeine etwas weiter auseinanderstehen als die Vorhand. Es erfordert sehr viel ausgleichende Arbeit, bis beide Körperseiten des Pferdes gleichmäßig trainiert sind. Beim sogenannten »Geraderichten« des Pferdes spielen die Seitengänge eine wichtige Rolle (siehe Seite 120).

Hilfengebung beim Stellen und Biegen

Mit dem Begriff »Stellung« wird die seitliche Abstellung des Pferdekopfes im Genick, dem Gelenk zwischen Kopf und

---

▶ Fehler beim Stellen und Biegen

Beim Stellen und Biegen liegen Fehler nahe. Die seitliche Biegearbeit fällt nicht nur Pferden, sondern auch Reitern oft schwer.

▶ **FEHLER BEIM STELLEN**

Zu viel seitliche Halsabstellung: Der innere Zügel herrscht zu sehr vor, das Pferd »fällt« auf die äußere Schulter, es verliert die Balance.

Dauernd wechselnde Abstellung nach beiden Seiten: Das Pferd stellt sich nicht an den äußeren Zügel, wird »lose vor dem Widerrist«.

Starre äußere Hand: Das Pferd hält seinen Kopf schief, der Mähnenkamm kann nicht nach der geforderten Seite umspringen, das Pferd »verwirft sich im Genick«.

▶ **FEHLER BEIM BIEGEN**

Fehlender innerer Schenkel: Die Längsbiegung wird nicht erreicht, das Pferd macht sich steif.

Vorherrschende Einwirkung mit den Zügeln: Das Pferd kann sich nicht mehr stellen und biegen, es wird »kurz und eng im Hals«.

Zu viel Biegung im Hals: Das Pferd wird von inneren Zügel herumgezogen, verliert die Balance.

Fehlender äußerer Schenkel: Das Pferd weicht mit der Hinterhand nach außen aus, die Hinterhand »fällt aus«.

Fehlende äußere Hilfen: Innere Hilfen herrschen vor, das Pferd »fällt auf die Schulter« oder »bricht über die Schulter aus«.

Hals, bezeichnet. Der gesamte Hals ist dabei nur geringfügig zu der entsprechenden inneren Seite gebogen, der Mähnenkamm kippt leicht zur inneren Seite ab. Die Stellung nach innen soll dabei bewirken, dass das Pferd sich von selbst an den äußeren Zügel anlehnt. Der innere Zügel gibt die Stellung vor, der äußere Zügel hält die Stellung. Ist die Stellung erreicht, kann der innere Zügel nachgeben, ohne dass sie verlorengeht. Allerdings muss auch der äußere Zügel durch leichtes Nachgeben die Stellung überhaupt erst ermöglichen. Beim richtig gestellten Pferd sind die Pferdeohren in gleicher Höhe, und der Reiter kann das innere Auge und den inneren Nüsternrand schimmern sehen. Der Rumpf des Pferdes bleibt bei der seitlichen Stellung in sich gerade. Aus dieser Tatsache resultiert der Merkspruch: Stellung ohne Biegung, aber keine Biegung ohne Stellung!

Beim seitlichen Biegen müssen sämtliche Hilfen des Reiters zusammenarbeiten. Ein Knackpunkt ist das Zusammenwirken der inneren Gewichts- und Schenkelhilfen (die Biegung fordern) mit den verwahrenden Schenkel- und Zügelhilfen (die ein seitliches Ausweichen oder Ausfallen mit der Hinterhand verhindern). Ein Pferd kann die Biegung allerdings erst zulassen, wenn es gelernt hat, sich an den äußeren Zügel willig anzulehnen.

Jedes Abwenden von einer geraden auf eine gebogene Linie wirkt abbremsend auf das Tempo. Dieser Effekt lässt sich einerseits bei eiligen, wegstürmenden Pferden ausnutzen, andererseits ist er der Grund dafür, dass in Wendungen leicht der Takt verlorengeht. Wenn der Wechsel zwischen geraden und gebogenen Linien im gleichmäßigen Bewegungsrhythmus gelingt, ist eine grundlegende Stufe in der Ausbildung von Pferd und Reiter erreicht.

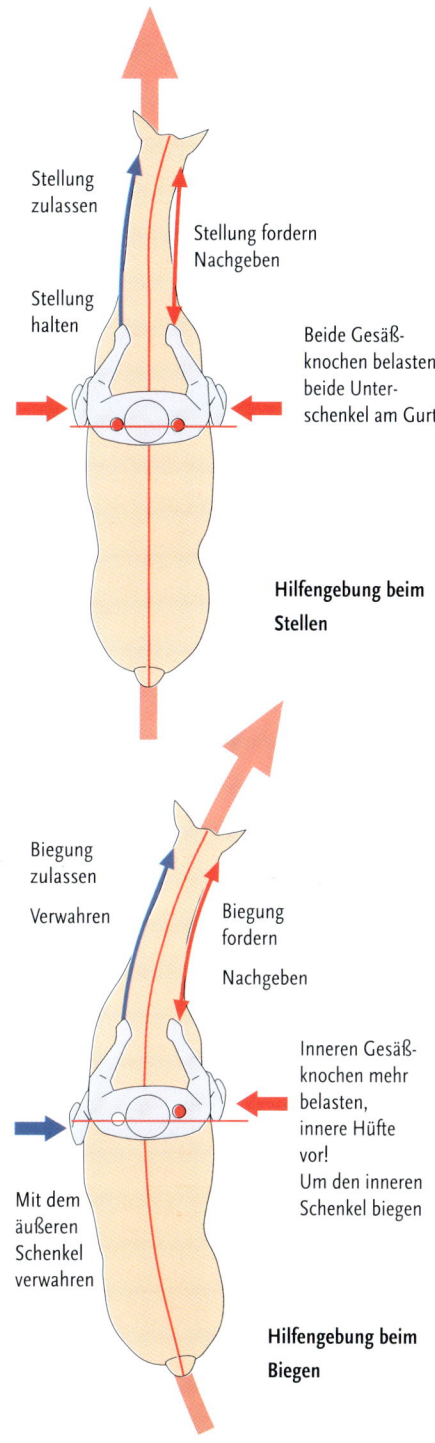

Stellung zulassen

Stellung fordern Nachgeben

Stellung halten

Beide Gesäßknochen belasten, beide Unterschenkel am Gurt

Hilfengebung beim Stellen

Biegung zulassen

Verwahren

Biegung fordern

Nachgeben

Inneren Gesäßknochen mehr belasten, innere Hüfte vor!
Um den inneren Schenkel biegen

Mit dem äußeren Schenkel verwahren

Hilfengebung beim Biegen

Schenkelweichen an
der langen Seite:
Hier ist deutlich das
Überkreuzen der
Hinterbeine zu sehen

▶ Weichen vor dem Schenkel
Prüfstein für zusammenwirkende Hilfen

Im Schenkelweichen bewegen Pferde sich vorwärts-seitwärts auf
zwei Hufschlägen; die Betonung liegt dabei ausdrücklich auf dem
Wort »vorwärts«. Weil für das Schenkelweichen unbedingt das
Zusammenspiel von inneren und äußeren, von treibenden und
verwahrenden Hilfen nötig ist, wird es in zahllosen Reitstunden
geübt. Es ist außerdem eine Lektion, in der Reitschüler das Zusammenwirken ihrer Hilfen ganz genau erspüren können. Beim
perfekten Schenkelweichen bewegt sich das Pferd mit etwa 30°
bis 45° Abstellung zur Bande bzw. zum Hufschlag. Das Pferd ist
immer entgegen der Richtung gestellt, in die es sich bewegt und
soll – bis auf die Stellung im Genick – in sich gerade bleiben.

Wo »innen« und »außen« ist, richtet sich beim Schenkelweichen ausschließlich nach der Stellung.

Das Schenkelweichen mit dem Kopf zur Bande fällt anfangs leichter, weil das Pferd dabei nicht einfach die Flucht nach vorn antreten kann. Hat das Pferd erst einmal gelernt, jedes Abfußen und Aufsetzen seiner Hufe vom Reiter kontrollieren zu lassen, kann man zu der spiegelbildlichen Variante übergehen. Der Pferdekopf zeigt dabei in die Bahnmitte.

Eine schwierigere Variante des Schenkelweichens ist das »Viereck verkleinern und vergrößern«. Dabei geht das Pferd vom Hufschlag weg auf einer gedachten Diagonale vorwärts-seitwärts – das heißt, es bleibt selbst immer parallel zum Hufschlag. Die Figur beginnt am ersten Wechselpunkt der langen Seite. Mitte der langen Seite soll das Pferd ungefähr fünf Meter vom Hufschlag entfernt sein. Auf einer Pferdelänge geradeaus wird es umgestellt und in einer Vorwärts-Seitwärts-Bewegung bis zum Wechselpunkt wieder auf den Hufschlag zurückgeführt. Dabei soll die Vorhand stets der Hinterhand voraus sein und nicht umgekehrt.

Das Schenkelweichen ist eine Schritt-Lektion. Fortgeschrittene Reiter können sie zu Übungszwecken aber auch im Trab ausführen. Gerade zu Beginn einer Reitstunde, also in der Lösungsphase des Pferdes, kann es hilfreich sein, den Gehorsam auf die vorwärts-seitwärts treibenden Schenkelhilfen im Trab sicherzustellen.

Übertreten im Trab auf der Zirkellinie – etwa vom Mittelpunkt bis zur geschlossenen Seite – ist bereits eine Vorbereitung für die Lektion »Viereck verkleinern und vergrößern« (Bild Seite 116). Das Schenkelweichen ist ebenso eng verwandt mit der Vorderhandwendung (Seite 106) und deshalb auch eine geeignete vorbereitende Lektion. Die Vorwärtsbewegung, bei der Vorderhandwendung absolut unerwünscht, soll allerdings beim Schenkelweichen immer erhalten bleiben.

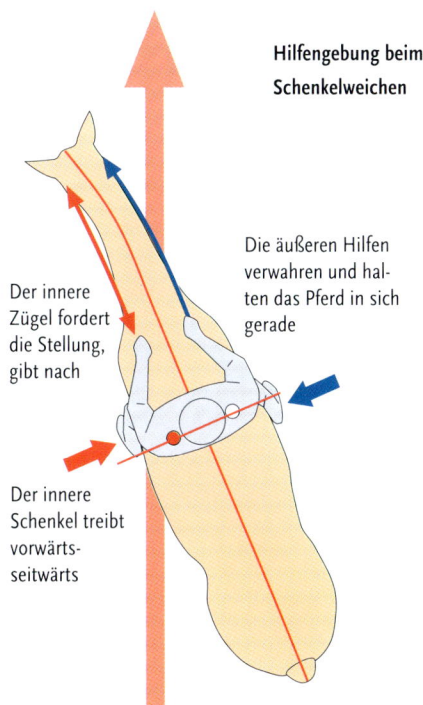

Hilfengebung beim Schenkelweichen

Die äußeren Hilfen verwahren und halten das Pferd in sich gerade

Der innere Zügel fordert die Stellung, gibt nach

Der innere Schenkel treibt vorwärts-seitwärts

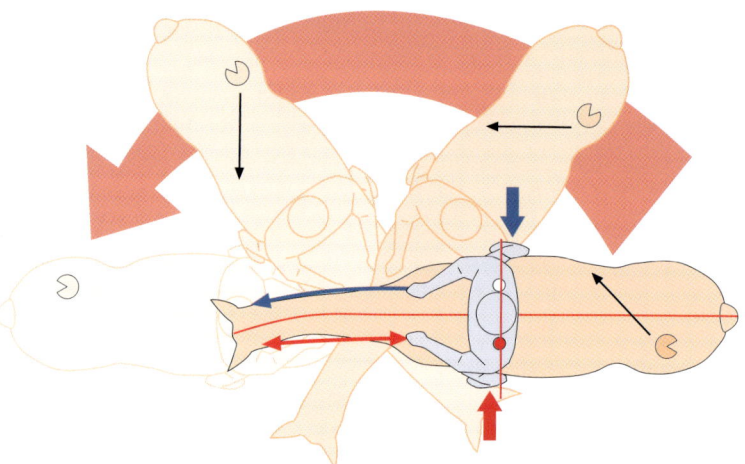

Auf der Vorhand linksum kehrt: so wirken die Hilfen zusammen. Der linke Gesäßknochen wird belastet, der linke Schenkel wirkt vorwärts-seitwärtstreibend, der linke Zügel annehmend und nachgebend, der rechte Schenkel verwahrend, der rechte Zügel hält durch

Die Vorhandwendung

Die Wendung um die Vorhand könnte man auch als Schenkel-weichen auf der Stelle beschreiben. Die Hilfengebung entspricht den Hilfen für das Schenkelweichen – nur muss der jeweils äußere Zügel dafür sorgen, dass das Pferd nicht vorwärts tritt, sondern sich Schritt für Schritt um die Vorhand herum bewegt. Dabei darf das Pferd keinen Schritt nach vorn machen – geringfügiges Zurückweichen ist der kleinere Fehler.

Beim Halten auf dem Hufschlag an der Bande kann das Pferd die Lektion nur mit den Hinterbeinen in Richtung Bahnmitte ausführen. Selbst dann kommt es (in einer geschlossenen Halle) beim Wenden mit dem Kopf leicht

Vorderhandwendung, erste Phase: das Pferd tritt mit einem Hinterbein zur Seite

▶ Stellen Sie das Pferd in die gewünschte Richtung; nehmen Sie den vorwärts-seitwärts treibenden Schenkel geringfügig zurück.

▶ Schieben Sie mit dem inneren Schenkel die Hinterhand des Pferdes vom Hufschlag weg, bis die geforderte Abstellung erreicht ist.

▶ Begrenzen Sie die Bewegung des Pferdes mit dem äußeren verwahrenden Schenkel und dem äußeren verwahrenden Zügel.

▶ Geben Sie Luft am inneren Zügel, um dem Pferd die Vorwärtsbewegung zu erlauben – aber fordern Sie die Stellung nach innen wieder, ehe sie verloren geht.

▶ Erhalten Sie den Takt der Schrittbewegung und geben Sie Ihre Hilfen genau im Takt.

zu dicht vor die Begrenzung. Daher wird die Vorhandwendung vom zweiten Hufschlag aus ausgeführt. Zur Einleitung wird das Pferd umgestellt.

Die Vorhandwendung ist nicht gerade die Lieblingslektion junger Pferde. Die fehlende Vorwärtstendenz in dieser Übung, verbunden mit den hohen Anforderungen an die Balance, verleitet sie leicht zu Widerstand. In den FN–Dressuraufgaben, die ausschließlich jungen Pferden vorbehalten sind, wird aus gutem Grund auf diese Lektion verzichtet. Kein Reiter sollte sich beim Üben der Vorhandwendung »festziehen«. Verbesserungen in der generellen Balance und der Durchlässigkeit in den ganzen Paraden sind hilfreicher als zu häufiges Üben.

Vorderhandwendung, zweite Phase: das zweite Hinterbein kreuzt

▶ ### Balancespiele im Galopp
Reiten im Außengalopp

Durch die Betonung einer Körperdiagonalen in der Fußfolge –
ausgehend vom jeweils inneren Hinterfuß – gibt der Galopp eine
leichte Innenstellung des Pferdes vor (siehe Seite 23). Der Kon-
tergalopp – also Linksgalopp auf der rechten Hand und umgekehrt – stellt hohe Ansprüche an die Fähigkeit des Pferdes, sich
auszubalancieren und an seine Bereitschaft, mit den Hinterbeinen mehr Last aufzunehmen. Daher kann der Außengalopp erst
gefordert werden, wenn ein Pferd sich im Handgalopp über
einen gewissen (Zeit-)raum versammeln lässt.

Damit ein Pferd auf der linken Hand im Rechtsgalopp auf
einer gebogenen Linie (Ecke oder Zirkellinie) galoppieren kann,
muss es mit dem linken Hinterfuß nicht nur energisch abfußen,
um den Rumpf nach vorne zu bewegen, sondern auch die großen
Gelenke der Hinterhand (Hanken) mehr beugen, damit das Hinterbein vermehrt unter den eigenen Körper untersetzt. Auf diese
Weise wird die starke Schubkraft des Hinterbeines in Tragkraft
umgemünzt.

Je stärker die Biegung ist, die im Außengalopp durchritten
werden soll, desto schwieriger wird die geforderte Aufgabe für das
Pferd. Daher dürfen im Außengalopp die Ecken im Viereck leicht
abgerundet werden. Das Pferd soll im Außengalopp möglichst geradegerichtet – das heißt, in einer Spur – galoppieren; es ist leicht
zu der Innenseite des jeweiligen Galopps gestellt. Die Balanceak-
te im Außengalopp dürfen nicht auf Kosten des klaren Dreitaktes
gehen. Der Reiter muss versuchen, den Galoppsprung in der Landephase vermehrt zu »setzen«, nicht aber die Schwebephase kürzer zu machen.

Fliegende Galoppwechsel

Der fliegende Galoppwechsel setzt eine hohe Geschmeidigkeit
und Durchlässigkeit des Pferdes voraus. Verkürzen und Verlängern des Tempos, einfache Galoppwechsel und Außengalopp
müssen sicher beherrscht werden, bevor ein Pferd fliegende
Wechsel erlernen kann. Der eigentliche Wechsel des Galopps findet im Moment der freien Schwebe statt – das heißt, ein Pferd
braucht eine ausgeprägte Schwebephase, damit es überhaupt umspringen kann. Die Hilfen des Reiters müssen rechtzeitig dafür

Deutlich ist zu sehen, wie das Pferd im Außengalopp in der Wendung die Gelenke der Hinterhand beugen muss, um die Balance zu wahren

gegeben werden – das ist von Pferd zu Pferd unterschiedlich und setzt viel Erfahrung voraus. Den Impuls für das Umspringen geben die jeweils neuen inneren Gewichts- und Schenkelhilfen. Daher ist es bei der Hilfengebung für den Galopp so wichtig, mit dem inneren Schenkel den Galoppsprung anzuregen und nicht etwa durch ein hochgezogenes äußeres Bein (siehe Seite 86). Junge Pferde mit guter natürlicher Balance wechseln den Galopp in höherem Grundtempo oft von selbst fliegend.

▶ Das Geheimnis der halben Paraden
Paraden am Zügel gibt es nicht!

Gib doch mal eine Parade am äußeren Zügel!« – Diese Aufforderung, die man so oder ähnlich in mancher Reitstunde hören kann, beruht auf einem – zumindest sprachlichen – Missverständnis. Paraden, die nur mit den Zügeln ausgeführt werden, kommen in der Reitlehre nicht vor, sondern nur halbe oder ganze Paraden.

Als ganze Parade bezeichnet man das Durchparieren zum Halten aus jeder Gangart (siehe Seite 147). Halbe Paraden sind schon schwieriger zu beschreiben. Sie setzen das kontrollierte Zusammenwirken aller Hilfen, also der Gewichts-, Schenkel- und Zügelhilfen im gleichen Moment voraus.

Wer alle Reiterhilfen gleichzeitig und dosiert einsetzen will, muss zuvor den unabhängigen Balancesitz im Rhythmus der Pferdebewegung erlernt haben und die nötige Losgelassenheit und Spannung im Körper aufbringen. Darüber hinaus muss er die unterschiedlichen Hilfen kennen und in ihrer Stärke dosiert anwenden können. Erst dann ist ein Reiter in der Lage, sein Pferd sicher zu kontrollieren – mit Hilfe der halben Paraden.

Einschließen zwischen alle Hilfen

Eine halbe Parade besteht darin, durch kurzzeitiges vermehrtes Einwirken mit Gewichts-, Schenkel- und Zügelhilfen das Pferd aufmerksam zu machen. Das Pferd wird sozusagen für einen Moment zwischen allen Reiterhilfen »eingeschlossen«: den vortreibenden Gewichtshilfen, den treibenden und/oder verwahrenden Schenkelhilfen und den annehmenden oder durchhaltenden Zügelhilfen. Beendet wird die halbe Parade immer durch Nachgeben, damit die Verbindung zwischen Reiterhand und Pferdemaul wieder leicht und federnd wird. Je durchlässiger das Pferd ist, desto leichter und schneller kommt der Reiter zum Nachgeben.

Vom eher matten Trab ...

Die Technik der halben Paraden

Wie stark die jeweiligen Hilfen dabei eingesetzt werden, hängt vom Einzelfall ab: vom Pferd und seiner Durchlässigkeit auf die Reiterhilfen, von der entsprechenden Gangart und dem Tempo und natürlich von dem Zweck, der mit der halben Parade erreicht werden soll. Grundsätzlich aber gilt, wie insgesamt beim Reiten, dass auch in den halben Paraden die Gewichtshilfen wichtiger sind als die Schenkel- und Zügelhilfen, die treibenden Hilfen wichtiger als die verwahrenden, annehmenden oder durchhaltenden Hilfen.

Noch einmal: Jede halbe Parade endet mit Nachgeben – auch dann, wenn die Parade ihren Zweck noch nicht erfüllt hat. Es macht keinen Sinn, die halbe Parade endlos auszudehnen und die Hilfen mit Gewalt zu verstärken, wenn sie beim ersten Versuch nicht gewirkt haben. Dieser – übrigens sehr häufig zu beobachtende – Versuch führt in aller Regel dazu, dass ein Pferd sich sperrt oder gar wehrt und der Reiter sich schlimmstenfalls »festzieht«. Das Pferd reagiert dann nicht mehr durchlässig auf die Hilfen. Die bessere Taktik ist es, mehrere halbe Paraden aufeinander folgen zu lassen, bis das Pferd reagiert.

Je nachdem, welchen Zweck die halben Paraden erfüllen sollen, müssen die einzelnen Hilfen entsprechend aufeinander abgestimmt werden. Ob die Haltung des Pferdes im Trab verbessert, das Tempo zurückgeführt oder zum Schritt durchpariert werden soll, wird nicht durch grundlegende Unterschiede in der Reittechnik bestimmt, sondern durch den Augenblick des Nachgebens.

...über eine halbe Parade...

...zum ausdrucksvollen versammelten Trab.

Wie eine Feder spannen

Die Durchlässigkeit des Pferdes – ein Hauptziel der Ausbildung ist dann erreicht, wenn das Pferd die halben Paraden willig »durchlässt«. Im Idealfall soll die halbe Parade das Pferd veranlassen, vermehrt unter seinen Schwerpunkt zu treten, das heißt, die großen Gelenke der Hinterhand (die Hanken) vermehrt anzuwinkeln. Um das zu erreichen, muss auch der Reiter seinen eigenen Körper vermehrt wie eine Feder spannen, sein »Kreuz anspannen«, wie es mit einem leicht missverständlichen Begriff aus der Reitlehre heißt. Die verstärkte Spannung im Oberkörper kann der Reiter erreichen, in dem er das Becken leicht mehr in die Bewegungsrichtung kippt (vorwärtstreibende Gewichtshilfen) und gleichzeitig seinen Oberkörper vermehrt aufrichtet (Brustkorb leicht nach vorne-oben anheben). Wer sich dagegen hintenüber lehnt, um mehr mit dem Gewicht einzuwirken, kommt selbst aus der Balance und stört das Gleichgewicht des Pferdes.

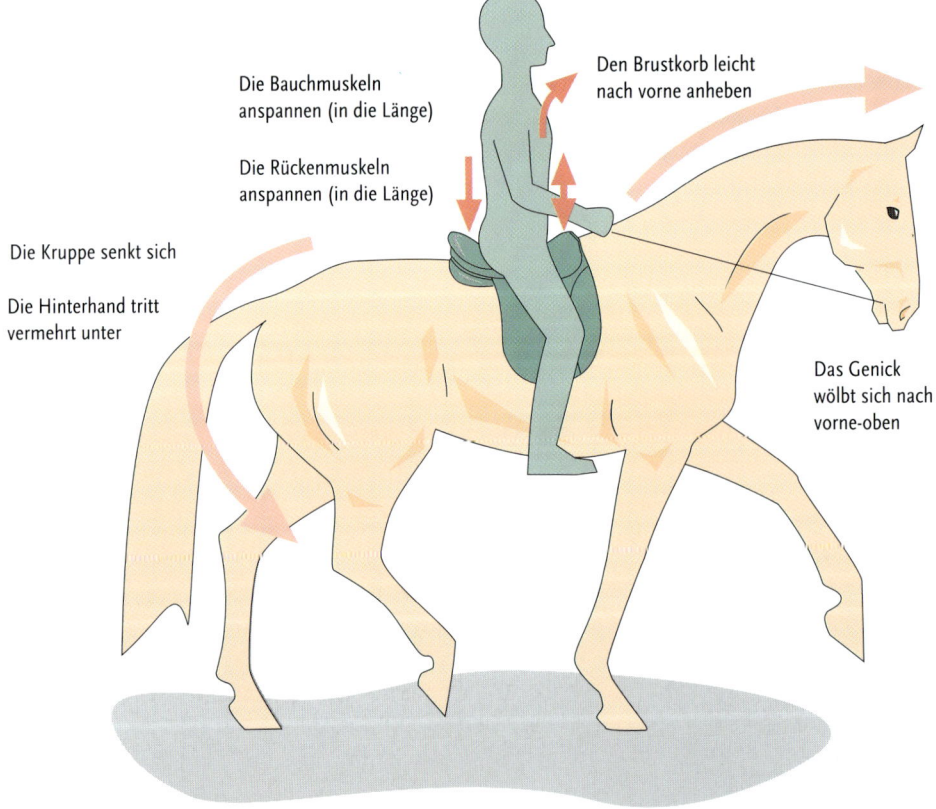

Die Bauchmuskeln
anspannen (in die Länge)

Die Rückenmuskeln
anspannen (in die Länge)

Den Brustkorb leicht
nach vorne anheben

Die Kruppe senkt sich

Die Hinterhand tritt
vermehrt unter

Das Genick
wölbt sich nach
vorne-oben

An die Hilfen stellen

Halbe Paraden können als eine Art Generalschlüssel zur Hilfengebung betrachtet werden: Sie verdeutlichen das grundlegende
Prinzip der Einwirkung, an der stets Gewichts-, Schenkel- und
Zügelhilfen gemeinsam beteiligt sind. So dienen halbe Paraden
auch dazu, ein Pferd zunächst an die Hilfen des Reiters zu stellen.
Auch hier haben die vortreibenden Hilfen absoluten Vorrang.
Darauf aufbauend kann die willige Reaktion des Pferdes auf ein-
seitig annehmende Zügelhilfen (durch Stellung, siehe Seite 102)
oder auf die vorwärts-seitwärts treibenden Schenkelhilfen (im
Schenkelweichen, siehe Seite 104) trainiert werden.

Halbe Paraden als Vorbereitung auf jede Lektion dienen
jeweils dazu, das Pferd erneut sicher an die Hilfen zu stellen: nur
aus dieser Ausgangsposition heraus kann die Ausführung einer
Lektion gut gelingen.

Laienhaft ausgedrückt, geht ein Pferd »am Zügel«. Fach-
männisch ausgedrückt, tritt ein durchlässiges Pferd »durchs«
Genick. Beide Formulierungen meinen das gleiche: Ein Pferd
wölbt seinen Hals aus dem Widerrist heraus nach vorn und gibt
im Genick nach, bis die Stirn-/ Nasenlinie kurz vor der Senkrechten ist. Ein Pferd, dessen Nase deutlich hinter der Senkrechten ist, geht nicht am Zügel: Es ist durch zu starke Zügeleinwirkung regelrecht zusammengezogen oder es versucht
sich durch Einrollen den Hilfen zu entziehen.

Halbe Paraden

Halbe Paraden werden häufig eingesetzt.
Sie dienen dazu,

- ein Pferd an die Hilfen zu stellen
- die Aufmerksamkeit des Pferdes zu erhöhen
- seine Konzentration zu verbessern
- eine Lektion vorzubereiten
- das Tempo zu regulieren
- einen Übergang von einem Tempo zum anderen zu reiten
- einen Übergang von einer Gangart zur anderen zu reiten
- die (Selbst-)Haltung des Pferdes zu verbessern
- im Konfliktfall die Kontrolle über ein Pferd zu erreichen

Ein Pferd soll gerade, geschlossen und gleichmäßig auf allen vier Beinen stehen. Vorschriftsmäßiges Halten gilt als eine Art Visitenkarte der fachgerechten Ausbildung

► **Die ganze Parade**
Viele Halbe ergeben ein Ganzes

Nach den Regeln Mathematik würde eine ganze Parade aus zwei halben Paraden bestehen. In der Reitlehre dagegen besteht eine ganze Parade aus so vielen halben Paraden wie nötig. Diese Formulierung klingt allerdings auf den ersten Blick eher witzig als verständlich. Eine »ganze Parade« nennt man das Durchparieren zum Halten aus jeder Gangart. Die halben Paraden das Einschließen des Pferdes in alle Reiterhilfen mit anschließendem Nachgeben (siehe Seite 110) sind eben genau die Hilfen, mit denen man Gangart und Tempo des Pferdes beeinflussen kann. Zum Durchparieren kommen vermehrt annehmende bzw. durchhaltende Zügelhilfen zum Einsatz. Wie schnell ein Pferd auf die halben Paraden reagiert, hängt einerseits von seiner generellen Durchlässigkeit auf die Reiterhilfen ab; andererseits kann jede ganze Parade nur so gut gelingen, wie die Haltung des Pferdes in der Gangart zuvor war.

Schwieriger Balanceakt

Das beste Rezept dafür, dem Pferd das Halten so schmackhaft wie möglich zu machen, ist rechtzeitiges Nachgeben. Andernfalls entfalten die Zügel leicht eine Wirkung nach rückwärts. Das Pferd wird vermutlich seine beide Hinterbeine nach hinten herausstellen und entweder das Kinn resigniert in Richtung der eigenen Brust bewegen oder versuchen, dem Reiter die Zügel aus der Hand zu ziehen. Nur wenn der Reiter nachgibt, kann das Pferd seinen Hals als Balancierstange nutzen und mit aufgewölbtem Rücken und Hals stehen. Rechtzeitiges Nachgeben kann sich aber nur ein Reiter leisten, dessen Pferd willig auf die treibenden und verhaltenden Hilfen reagiert.

Stehen in Haltung setzt voraus, dass ein Pferd die Hinterbeine nach vorn unter seinen eigenen Schwerpunkt setzt. Deswegen sind die treibenden Hilfen für das Durchparieren entscheidend. Die Engländer haben dafür ein schönes Kommando: »Forward into Halt!«

Halten ist Reiten im Stehen. Aus dem Halten soll ein Pferd sofort wieder antreten können, sogar antraben oder angaloppieren. Daher brauchen Pferde für das Halten eine hohe Körperspannung – die leicht zu Verspannung führen kann. Aber ein verspanntes Pferd kann sich nicht selbstverständlich ausbalancieren. Und es wird in den seltensten Fällen korrekt stehen: gerade und geschlossen, das heißt mit allen vier Beinen gerade neben- und hintereinander und mit beiden Hinterbeinen unter dem Pferdekörper. Wer nachträglich an der Stellung herumkorrigiert, macht das Übel meist nur noch schlimmer.

Im Halten unter dem Reiter (linke Seite) soll ein Pferd Kopf und Hals natürlich ausbalancieren- genau wie ein reiterloses Pferd im Stehen

Zirkel verkleinern –
die Längsbiegung der
Pferde ist deutlich zu
sehen

► ## Ruhig, vorwärts, gerade
Leitgedanken für die Versammlung

Der Wahlspruch der zentralen französischen Ausbildungsstätte
in Saumur: »Ruhig, vorwärts, gerade!« kann jedem Reiter als
Richtschnur für die weiterführende Ausbildung ans Herz gelegt
werden. Ruhige Gelassenheit ist eine der Grundvoraussetzungen
für die Ausbildung eines Pferdes. Gerade da, wo vermehrte Muskelarbeit beim Pferd gefragt ist – in der Versammlung – kommt
neben der nötigen Muskelspannung oft auch störende innere
Spannung auf. Physische und psychische Losgelassenheit werden
am ehesten erreicht, in dem neben der nötigen Ruhe immer wieder Phasen des beherzten Vorwärtsreitens in die Arbeit eingebaut
werden. Die Schubkraft der Hinterhand voll zu entwickeln und
auf beiden Seiten gleichmäßig – also gerade – in Tragkraft
umzumünzen, ist ein langer Weg.

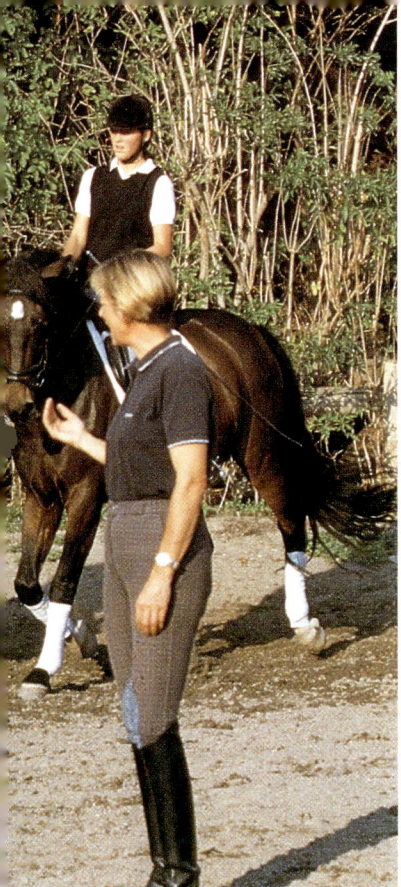

Systematische Schritte

Das Ziel aller Ausbildungsarbeit ist ein durchlässiges Pferd, das willig auf alle Reiterhilfen reagiert. Es kann dies freilich nur, wenn seine Muskulatur entsprechend ausgebildet und trainiert ist. Dabei dürfen Pferde durch versammelnde Arbeit nicht überfordert werden. Viel Abwechslung zwischen Versammlung und Verstärkung, häufige Handwechsel mit besonderer Berücksichtigung der natürlichen Schiefe des Pferdes und die Einbeziehung von Entspannungsphasen in die Arbeit beugen dieser Gefahr vor. Bevor ein Pferd nicht geradegerichtet, also auf beiden Händen gleichmäßig gymnastiziert ist und sich selbst (das Gewicht von Kopf und Hals) völlig selbstverständlich trägt, kann es sich nicht vollendet versammeln. Versammlung gelingt nur in kleinen und systematischen Schritten.

Eine gute Arbeitshilfe ist die Lektion Zirkel verkleinern und vergrößern, bei der eine spiralförmige Linie bis hin zu einer Volte in den Zirkel gelegt wird. Für die versammelnde Arbeit ist der Trab die wichtigste Gangart. Alle versammelnden Lektionen sollten zunächst im Trab und dann erst im Galopp erarbeitet werden. Versammlung im Schritt ist deswegen besonders heikel, weil Pferde nicht wie in den schwungvollen Gangarten Trab und Galopp die Schwebephase verlängern können, um sich auszubalancieren. Die Versammlung im Schritt führt aus diesem Grund sehr leicht zu Taktstörungen.

Zirkel verkleinern wird traversartig

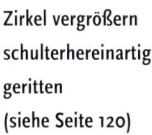

Zirkel vergrößern schulterhereinartig geritten (siehe Seite 120)

Versammelter Galopp: Die Bergauf-Tendenz ist an der Rückenlinie des Pferdes zu sehen

Bergauf reiten

Versammelt reiten heißt nicht langsamer reiten. Bei gleich bleibendem Takt (der durch das hörbare Auffußen der Hufe bestimmt wird), soll ein Pferd schneller abfußen und dafür die Landephase (für die Verstärkungen die Schwebephase) verlängern. Das kann nur gelingen, wenn das Pferd sich nicht überwiegend auf der Vorhand abstützen muss, um sein Gleichgewicht zu wahren. Jede versammelte Bewegung kann daher nur bei einer Bergauf-Tendenz des Pferderückens gelingen. Ganz besonders deutlich sichtbar und spürbar ist die Bergauf-Bewegung im Galopp, wenn das Pferd zum Moment der freien Schwebe kraftvoll abdrückt.

Die nötige Entlastung der Vorhand kann nur durch Aktivierung der Hinterhand des Pferdes gelingen – nicht durch eine entsprechende Zügeleinwirkung. Es wäre ein fatales Missverständnis, Kopf und Hals des Pferdes durch aktive Handbewegungen in die gewünschte Richtung zu dirigieren. Im Gegenteil: Ein Pferd soll Kopf und Hals selbst so ausbalancieren, dass es zur entsprechenden Winkelung der Hinterhand passt.

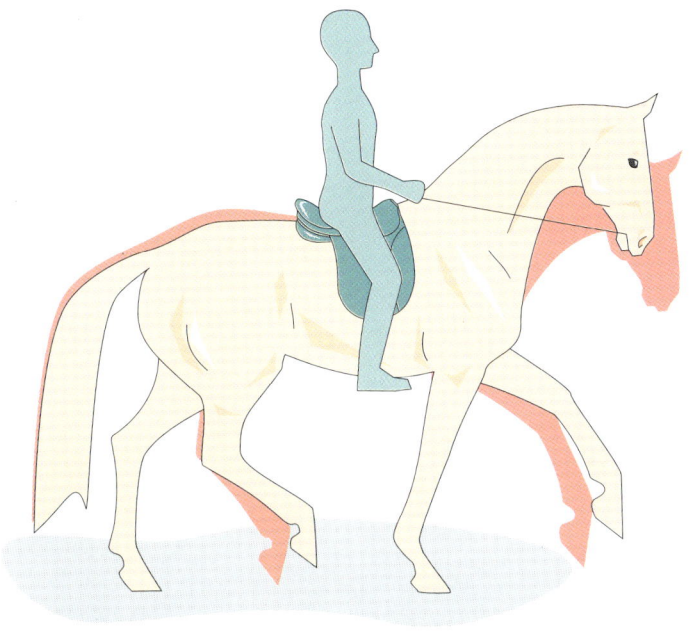

Versammlung im Idealfall: Die Hinterbeine des Pferdes treten vermehrt unter den Schwerpunkt, die Kruppe senkt sich, der Rücken ist aufgewölbt, Widerrist, Kopf und Hals des Pferdes werden weiter angehoben, und der Reiter sitzt ausbalanciert genau über dem Schwerpunkt

Selbsthaltung und Aufrichtung

Die frei erhobene, sozusagen »stolze« Haltung von Kopf, Genick und Hals gilt als ein äußeres Kennzeichen der Versammlung. Tatsächlich ist das Aufwölben von Hals und Genick beim Pferd ein natürliches Zeichen von Stolz; es zählt zum Imponiergehabe der Pferde, mit dem sie ihrer Überlegenheit gegenüber Konkurrenten Ausdruck verleihen. Das selbstbewusste, auf natürliche Weise schöne Pferd verkörpert zugleich das Ideal des ausgebildeten Dressurpferdes.

Die gewünschte Aufrichtung von Kopf und Hals soll dabei nie mit vorherrschenden Zügelhilfen aktiv erreicht werden – alle Versuche in dieser Richtung führen dazu, dass ein Pferd sich im Rücken festhält. Sprechend ist der Begriff der »Selbsthaltung«: das Pferd soll das Gewicht von Kopf und Hals selbst tragen. Welche Haltung es dabei von selbst einnimmt, ändert sich im Verlauf der Ausbildung gravierend. Im Idealfall geht die Bereitschaft und Fähigkeit des Pferdes zur Versammlung ganz selbstverständlich mit einer Verbesserung der Aufrichtung einher. Zur Überprüfung der Selbsthaltung dient die Lektion »Zügel überstreichen« (Bild Seite 60). Nur in einer Haltung, die es selbst findet und ohne Verspannungen beibehalten kann, bleibt die Pferdebewegung ausbalanciert, rhythmisch und losgelassen.

▶ Willig unter das Gewicht

Schulterherein

Die Seitengänge sind die wichtigsten Instrumente des Reiters auf dem Weg zur Versammlung. Mit Hilfe der Seitengänge kann die Lastaufnahme mit dem jeweiligen inneren Hinterbein gezielt trainiert werden. Erst wenn das Pferd auf beiden Seiten gleichmäßig gymnastiziert ist, kann der Reiter die Pferdebewegung von hinten nach vorn organisieren. Wenn die Hinterhand vorgibt, wohin die Vorhand treten soll, ist das Pferd geradegerichtet.

So erklärt sich die scheinbar paradoxe Forderung, dass zum Geraderichten die Arbeit in den Seitengängen Ausschlag gebend

Schulterherein links

ist. Allen Seitengängen ist gemeinsam, dass sich das Pferd dabei auf einer geraden oder diagonalen Linie vorwärts-seitwärts bewegt, während es selbst gebogen und gestellt ist.

Der grundlegende Seitengang ist das Schulterherein. Es dient als Prüfstein für den Ausbildungsstand des Pferdes, insbesondere für seine Bereitschaft und Fähigkeit zur Versammlung. Das Pferd wird dabei auf gerader Linie mit etwa 30 Grad Abstellung nach innen geritten, die Vorderbeine kreuzen. Das äußere Vorderbein geht dabei dem inneren Hinterbein genau voraus; von vorne gesehen sind nur drei Pferdebeine sichtbar.

Anspruchsvolle Vorübungen für die Seitengänge sind die Lektion Schultervor, die mit weniger Abstellung geritten wird, und das Reiten-in-Stellung, bei dem das äußere Hinterbein angeregt wird, schmaler neben das innere zu fußen.

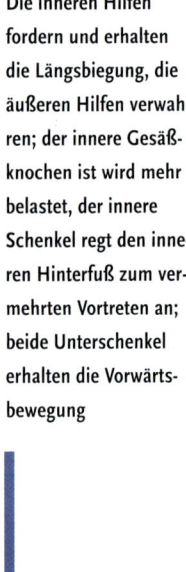

Schulterherein rechts: Die inneren Hilfen fordern und erhalten die Längsbiegung, die äußeren Hilfen verwahren; der innere Gesäßknochen ist wird mehr belastet, der innere Schenkel regt den inneren Hinterfuß zum vermehrten Vortreten an; beide Unterschenkel erhalten die Vorwärtsbewegung

Travers rechts

Travers

Travers und Renvers sind spiegelverkehrte Seitengänge mit identischer Hilfengebung und jeweils unterschiedlicher Einleitung. Im Travers auf der rechten Hand wird die Hinterhand des Pferdes zunächst ein Stück weit in die Bahn geführt (Abstellung nicht über 30 Grad) und dann die Vorwärts-Seitwärtsbewegung mit dem nach rechts gestellten und gebogenen Pferd ausgeführt. Vorder- und Hinterbeine kreuzen.

Renvers entspricht einem Links-Travers auf der rechten Hand (und umgekehrt). Dabei wird die Vorhand vom Hufschlag abgestellt, aber das Pferd wird in die Gegenrichtung (vorherige Außenstellung) umgestellt und gebogen. In den Traversalverschiebungen wird die Traversbewegung auf einer Diagonallinie geritten. Dabei sollen die Längsbiegung des Pferdes erhalten bleiben, die Vorhand der Hinterhand deutlich vorausgehen und Vorder- und Hinterbeine kreuzen.

Seitengänge werden zunächst auf gerader Linie geritten. Schwieriger für das Pferd sind Seitengänge auf gebogenen Linien auszuführen, weil dabei noch mehr einseitige Lastaufnahme der Hinterbeine nötig wird. Dabei liegt die Gefahr der Überforderung nahe. Die wichtigste Gangart für das Erlernen der Seitengänge ist der Trab. Seitengänge im Galopp dienen der Vorbereitung von Galopptraversalen und Pirouetten (siehe Seite 123) und sind eine Domäne des fortgeschrittenen Reiters auf einem weit ausgebildeten Pferd.

Travers rechts:
Die inneren Hilfen fordern und erhalten die Längsbiegung; der innere Gesäßknochen wird mehr belastet; der innere Schenkel regt den inneren Hinterfuß zum vermehrten Vortreten an; der äußere Schenkel liegt leicht verwahrend zurück und veranlasst die Seitwärtsbewegung, der äußere Zügel verwahrt

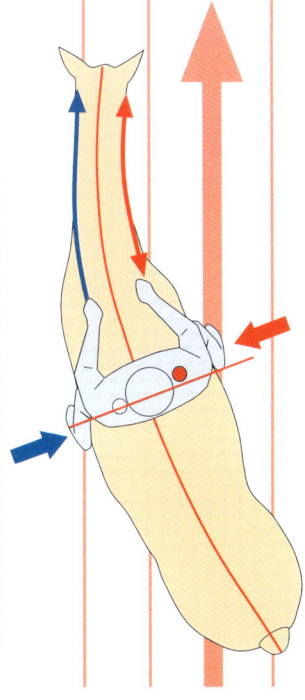

Wendung um die Hinterhand

Die Wendung um die Hinterhand wird wie die Seitengänge mit Stellung und Biegung in die Bewegungsrichtung geritten. Weil das Pferd dabei mit dem inneren Hinterfuß vermehrt Last aufnehmen muss, gehört sie zu den versammelnden Lektionen. Das Pferd wird aus dem Halten um den inneren Hinterfuß herumgeführt, der einen möglichst kleinen Kreisbogen beschreibt. Nach der Wendung soll das Pferd wieder gerade auf allen vier Beinen stehen. Eine Hinterhandwendung aus dem Schritt oder Trab (dabei zunächst durchparieren zum Schritt) ohne Halten wird Kurzkehrtwendung genannt. In Perfektion und nahezu auf der Stelle erfolgt die Schritt-Pirouette aus dem versammelten Schritt. Bei Wendungen im die Hinterhand darf die Vorwärtstendenz nicht verloren gehen – Zurücktreten gilt als schwer wiegender Fehler.

Die Galopp-Pirouette

Die Hinterhandwendung im Galopp, die sogenannte Galopp-Pirouette, stellt höchste Anforderungen an die Bereitschaft des Pferdes, sein eigenes Körpergewicht mit den Hinterbeinen zu tragen. Damit die Drehbewegung in der Wendung zustande kommt, muss das innere Hinterbein weit unter den Schwerpunkt treten. Die Galopp-Pirouette gilt daher mit gutem Grund als Kriterium der schweren Klasse S in der Dressurausbildung.

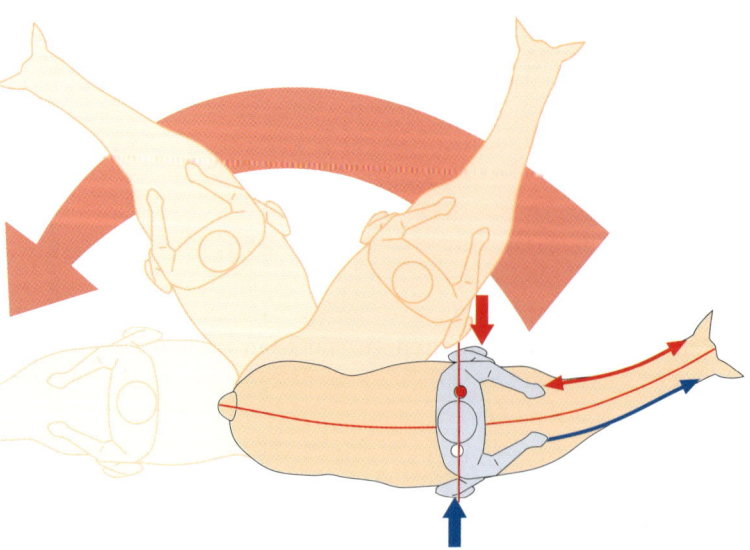

Bei jeder Wendung um die Hinterhand fordern die inneren Hilfen Stellung und Biegung, die äußeren Hilfen verwahren. Das Pferd wird mit beiden Zügeln (der innere weist leicht seitwärts) Schritt für Schritt um die Hinterhand herumgeführt

Höchste
Versammlung ist in
der Piaffe gefordert -
hier von
Klaus Balkenhol
demonstriert

Die Grenzen der Ausbildung

Jedes Pferd oder Pony kann nach den Regeln der klassischen Reitlehre ausgebildet werden. Aber nicht jedes Pferd oder Pony eignet sich zum Leistungssportler. Zu den schwierigsten Aufgaben für den Reiter gehört es, die Grenzen seiner Einwirkung auf ein Pferd zu erkennen und respektieren. Zielstrebiger reiterlicher Ehrgeiz verhindert oft die Wahrnehmung von Schwächen: der eigenen wie der des Pferdes. Ein gutes Reitergefühl rät zur schwierigsten Tugend im Sattel: zum Herunterschrauben der Ansprüche auf ein passendes Maß.

Serviceteil

NÜTZLICHE ADRESSEN

Deutsche Reiterliche Vereinigung e.V. (FN)
Freiherr-von-Langen-Str. 13
48321 Warendorf
Tel. 02581-63620
Fax 02582-62144
www.fn-dokr.de

FS Test Zentrum Reken
Frankenstr. 37
48734 Reken
Tel. 02864-24 34
Fax 02864-58 60
www.fs-reitzentrum.de

TTEAM Deutschland
Bibi Degn
Hassel 4
57589 Pracht
Tel. 02682-88 86
Fax 02682-66 83
www.tteam.de

TTEAM Österreich
Ruth & Martin Lasser
Anningerstr. 18
A-2353 Guntramsdorf
Tel. 02236-47 00 0
Fax 02236-47 07 0
www.teamoffice.at

TTEAM Schweiz
Doris Süess-Schröttle
Mascot Ausbildungszentrum AG
CH-8566 Neuwilen
Tel. 071-69 91 825
Fax 071-69 91 827
www.mascot-ausbildung.ch

Vereinigung der Freizeitreiter in Deutschland e.V.
Am Bauernwald 5b
81739 München
Tel. 089-60 60 81 68
Fax 089-60 60 81 23
www.vfdnet.de

ZUM WEITERLESEN

GOHL, CHRISTIANE: Pferde verstehen; Im Umgang und beim Reiten: Körpersprache richtig deuten, Stuttgart 2001

GOHL, CHRISTIANE: Pferdekunde; Basiswissen rund ums Pferd, Stuttgart 1999

HOFFMANN, MARLIT: Marlit Hoffmanns Trickkiste; Profi-Tipps zum besseren Reiten, Stuttgart 2000

HÖLZEL; PETRA: Basis-Pass Pferdekunde; Vorbereitung auf die praktische und theoretische Prüfung, Stuttgart 2000

HÖLZEL; PETRA u. WOLFGANG: Das Reitabzeichen; Vorbereitung auf die praktische und theoretische Prüfung, Stuttgart 2000

HÖLZEL; PETRA u. WOLFGANG: Der Reitpass; Vorbereitung auf die praktische und theoretische Prüfung, Stuttgart 2000

HÖLZEL; PETRA u. WOLFGANG: Profitips für Reiter, Stuttgart 1992

HÖLZEL; PETRA u. WOLFGANG: Mentales Training für Reiter; Der neue Weg um erfolgreichen Reiten, Stuttgart 2001

MEIER, REINHARD: Selbständig reiten; Ziel und Aufbau des Trainings, Stuttgart 1996

neumann-Cosel, Isabelle von: Pferde verstehen leichtgemacht, Stuttgart 1997

Penquitt, Claus: Die neue Freizeitreiter-Akademie; Reiten nach altklassichen, altkalifornischen und iberischen Vorbildern, Stuttgart 2001

PODHAJSKY, ALOIS: Die klassische Reitkunst; Reitlehre von den Anfängen bis zur Vollendung, Stuttgart 1998

SINGLE, KARL / RAUE, THOMAS: Reiten lernen; Vertraut mit dem Pferd von Anfang an, Stuttgart 1999

SCHUMACHER, JOCHEN / KRÄMER, MONIKA: Reiten lernen mit allen Sinnen; Reken – Reiten, Pferdehaltung, Horsemanship, Stuttgart 1999

SCHWAIGER; SUSANNE E.: Der Weg mit Pferden – Ein Weg zu mir; Das Pferd als Persönlichkeitstrainer, Stuttgart 2000

TELLINGTON-JONES, LINDA: Die Linda Tellington-Jones Reitschule; Mehr Spaß und Erfolg mit TTEAM und TTOUCH, Stuttgart 1996

Video:

HINRICHS, RICHARD: Reiten mit feinen Hilfen, Sitz und Einwirkung, Stuttgart 2000

BILDNACHWEIS

Mit 134 Farbfotos von: A. Bronckhorst, Amsterdam (S. 8), J. Christen/Kosmos (S. 12, 13 o., 15, 35, 56, 80, 81), J. Christen, Mannheim (äußere Umschlagklappe u.), R. Dünisch, Modautal (S. 38 u.), W. Ernst, Ganderkesee (S. 123), J. Gyllensten (S. 40), T. Höller, Düsseldorf (S. 24, 44, 115), Krämer Pferdesport, Hockenheim (S. 5 o., 41 o., 71 o.), I. v. Neumann-Cosel, Neckarhausen (S. 7), J. Rau/Kosmos (innere Umschlagklappe, S. 1, 2 li., 3 o., 9, 10, 13 u., 20, 21, 25, 26, 28, 29, 30, 31, 32, 34, 45, 46, 47, 48, 49, 50, 51, 52/53, 54, 57, 58, 59, 60, 62, 63, 65, 66, 69, 72, 74, 76, 77, 78, 79, 82, 83, 84, 85, 86, 87, 88/89, 90, 91, 92, 93, 94, 95, 96, 97, 98, 99, 100, 101, 104, 106, 107, 109, 110, 111, 114, 116, 118, 120, 121), R. Roppelt/Kosmos (S. 89 o.), C. Salata/Kosmos (äußere Umschlagklappe o., S. 2/3, 4/5, 16, 18, 19, 33, 37, 42/43, 70/71, 73), C. Slawik, Würzburg (S. 3 u., 38 o., 39).

Die Grafiken im Innenteil erstellte C. Koller, Schierhorn.

IMPRESSUM

Umschlaggestaltung von Atelier Reichert, Stuttgart, unter Verwendung von 2 Farbfotos von Julia Rau, Mainz (großes Motiv), und Arndt Bronkhorst, Amsterdam.
Foto auf dem Buchrücken von B. Schellhammer, Großstadelhofen.

Die Deutsche Bibliothek – CIP-Einheitsaufnahme

Ein Titelsatz für diese Publikation ist bei der Deutschen Bibliothek erhältlich

Gedruckt auf chlorfrei gebleichtem Papier

© 2001, Franckh-Kosmos Verlags-GmbH & Co., Stuttgart
Alle Rechte vorbehalten
ISBN 3-440-08500-7
Projektleitung: Katja Metzler
Redaktion: Silke Behling
Produktion: Claudia Kupferer / Kirsten Raue
Gestaltungskonzept: eStudio Calamar
Gestaltung: Gisela Dürr, München
Satz: Atelier Krohmer, Dettingen/Erms
Printed in Germany / Imprimé en Allemagne
Druck und Binden: Westermann Druck Zwickau GmbH, Zwickau

REGISTER

Danke – an alle ReiterInnen, die vor der Kamera bereitwillig nicht nur gutes Reiten, sondern sorgsam eingeübte Fehler demonstriert haben: Wolfgang Arnold, Stefanie Fonderzwist, Marie Fischer, Nicole Glock und Dorothea Theunissen

Danke – an die Ausbilderinnen Hella Kandziora und Stefanie Fonderzwist für fachliche Unterstützung

Danke – an Udo Mildenberger für seinen kritischen und immer hilfreichen Blick auf das Manuskript

Alle Angaben in diesem
Buch erfolgen nach bestem
Wissen und Gewissen. Sorg-
falt bei der Umsetzung ist
indes dennoch geboten.
Der Verlag und der Autor
übernehmen keinerlei Haf-
tung für Personen-, Sach-
oder Vermögensschäden,
die aus der Anwendung der
vorgestellten Materialien
und Methoden entstehen
könnten